KB201489

디지털 시대의 음악 산업

이 도서의 국립중앙도서관 출판시도서목록(CIP)은 e-CIP홈페이지(http://www.nl.go.kr/ecip)와 국가자료공동목록시스템(http://www.nl.go.kr/kolisnet)에서 이용하실 수 있습니다. (CIP제어번호 : CIP2012002529)

디지털 시대의 음악산업

| 이수범 지음 |

한울
아카데미

Intro

약동하는 음악 산업

음악은 우리의 삶과 매우 밀접한 관계를 맺고 있다. 현대인은 실로 다양한 음악을 매일 듣는다. 아침에 잠을 깨우는 알람시계의 멜로디부터 상점이나 길거리에서 울려 퍼지는 최신가요, 텔레비전과 라디오 방송에서 흘러나오는 노래, 인터넷상의 배경음악, 이동 중 휴대용 기기를 통하여 듣는 음악, 심지어 휴대전화의 벨소리ringtones와 통화연결음에 이르기까지 일상생활 속에서 듣는 음악의 종류는 매우 다채롭다.

음악을 듣는 목적 또한 다양하다. 지루함을 달래기 위해서 혹은 기분 전환을 위해서 음악을 듣는 것은 의도적인 경우에 속한다. 반면 예기치 못한 상황에서 우연히 음악을 듣게 되기도 한다. 친구의 블로그를 방문하거나 무심코 텔레비전을 볼 때와 같이, 우리는 무의식적으로 음악을 접하는 경우가 많다. 이처럼 음악은 우리의 생활과 밀접하게 관계되어 있으며, 삶의 일부를 차지하고 있다.

음악은 노래, 연주, 디지털 사운드 등 다양한 형태로 존재해왔으며, 사람들이 음악을 접하게 되는 경로는 시대에 따라 점차 변화해왔다. 예전에는 실제 공연을 통해서만 음악을 들을 수 있었지만, 기술의 발전으로 인해 레코드판이 출현하면서 음악을 저장해서 아무 때나 들을 수 있게 되었다. 이후 라디오, 텔레비전 등의 방송 미디어가 등장하면서 음악은 더욱 대중화되었고, 카세트테이프와 레코드판을 CD가 대체하면서 음악은 디지털화를 겪기 시작했다.

21세기에 들어서 대부분의 음악은 MP3와 같은 디지털 파일, 즉 음원의 형태로 이용되고 있으며, 인터넷과 휴대전화를 통한 스트리밍 서비스나 다운로드와 같이 새로운 방법을 통해서 전달되고 있다. 즉, 디지털 기술의 발달과 디지털 기기의 보급으로 인하여 음악을 접하는 경로가 다양해졌고, 일상생활과 더욱 가까워진 것이다.

음악에 대한 개인 선호도에 따라 감상 시간이나 횟수에 차이가 존재하겠지만, 아무리 음악을 싫어한다고 해도 음악을 전혀 듣지 않고 살아가는 것은 불가능에 가깝다. 우리는 음악이 어디에나 존재하고 있는 유비쿼터스Ubiquitous 음악 환경에서 살아가고 있기 때문이다. 이러한 의미에서 음악은 눈에 보이지는 않지만 우리 주변을 둘러싸고 있는 공기와 같으며, 매우 흔히 접할 수 있어서 그 가치를 크게 느끼지 못하는 물이나 전기 같은 존재라고 할 수 있다(Kusek and Leonhard, 2005).

인류의 기원을 살펴볼 때, 인간은 음악적 본능을 타고났다는 의미에서 호모 무지쿠스Homo musicus라고 불리기도 한다(강석기, 2008). 음악은 200만 년 전 인류의 직립보행과 더불어 진화해왔다고 할 수 있다. 인간이 동물과 달리 두 발로 서서 걷게 된 것은 탁월한 리듬감이 있었기 때문이라는 것이다. 인간이 언어를 사용하기 이전부터 소리를 내거나 춤을 통해서 서로 커뮤니케이션했다는 점에서 인간은 음악에 대한 본능을 타고났다고 할 수 있다. 통나무를 두드려 박자를 맞추거나 이야기를 노래로 표현하는 등 인류의 역사에서 음악적 요소를 찾아보기란 어렵지 않다. 즉, 인간은 음악적 유전자를 갖고 태어났으며, 인간의 행동에는 여러 형태의 음악적 요소가 포함되어 있다고 볼 수 있다.

음악의 종류와 그 감상하는 방식이 다양하듯이 음악을 바라보는 시각도 관점에 따라 여러 가지가 존재한다. 그중 경제학적 관점에서 볼 때, 음악은 일종의 문화상품 또는 문화콘텐츠에 속한다. 음악이 산업화되기 이전에는 음악을 예술작품으로 보는 견해가 지배적이었다. 따라서 음악을 경제적 가치로 평가하는 것은 금기시되었다. 하지만 레코드 산업의 등장과 활성화를 통해서 음악이 경제적 이익을 창출하는 수단으로 활용되기 시작하자 이러한 시각도 변화했다. 이처럼 문화상품의 산업적 측면을 연구하는 것을 미디어 경제학에서 '엔터테인먼트 산업entertainment industry'이라고 한다.

엔터테인먼트 산업이란 다양한 미디어 또는 공연을 통하여 음악·영상·연극·이미지와 같은 문화콘텐츠를 제작·판매·소비하는 시스템을 총체적으로 이르는 말이다. 이 가운데 음악이 엔터테인먼트 산업 내에서 차지하는 비중은 크다. 음악 산업 자체가 차지하는 비중은 물론, 엔터테인먼트 산업의 주축을 이루는 영화, 애니메이션, 연극, 텔레비전 방송, 라디오 방송, 게임, 스포츠, 공연 등 의 각 분야에서 음악이 매우 중요한 역할을 담당하고 있기 때문이다. 영화, 애니메이션, 텔레비전 방송, 라디오 방송, 게임에서 음악이 없다는 것은 상상하기 어렵다.

음악 산업은 엔터테인먼트 산업 내에서도 비교적 긴 역사를 가지고 있으며, 성장·발전·쇠퇴·변화 등의 여러 단계를 거쳐 왔다. 1990년대에는 레코드 산업의 호황과 더불어 전 세계적으로 음반 산업이 꾸준히 성장했으며, 영국·미국·일본의 음반 시장을 중심으로 음반 판매량이 급증했다. 한국의 경우에도 1990년대 후반부터 음반 시장의 규모가 점차 커지면서, 2001년에는 100만 장 이상 판매된 밀리언셀러 음반이 3개나 기록되기도 했다.

이처럼 점차 성장세를 이어가던 음반 산업은 2000년대에 들어서면서 점차 하락하게 되었다. 2001년 이후의 한국 음반 시장은 음반에서 음원으로 전환되는 과정을 거치면서 음반 판매가 급감했고, 20만 장 이상 판매된 음반이 없을 정도로 깊은 침체기를 이어가게 되었다. 이는 음반 산업의 위기로 인식되었으며, 음반 산업이 쇠퇴함에 따라 가수와 작곡가 또는 음반 제작자가 사라질 수 있다는 주장이 나오기도 했다. 하지만 음반 산업이 불황을 겪는다고 해서 음악을 좋아하는 사람들이 사라지거나 음악이 사라지는 일은 없을 것이다. 돈을 목적으로 하지 않고 순수하게 음악을 사랑하는 사람들은 꾸준히 음악을 할 것이기 때문이다. 또한 21세기에 들어서면서 음반 산업의 수요가 감소한 것은 음원 산업의 수요가 급증한 것과 맞물려 있다. 즉, 음반 산업이 고사 상태에 놓여 있다고 하더라도, 음원 산업이 새롭게 그 자리를 차지함에 따라 음악 산업은 위기에서 새로운 도전의 기회를 얻고 있는 셈이다.

음악 산업은 음악이라는 문화콘텐츠 상품을 다루고 있기 때문에 21세기를 주도할 신성장 동력으로 작용할 것이라는 기대를 받고 있다. 문화콘텐츠 산업은 고부가 가치를 창출할 수 있는 미래형 산업이라는 점에서 주목을 받고 있다. 또한 문화콘텐츠 산업은 상품을 판매함과 동시에 문화적 영향력을 갖게 된다는 측면에서 한 사회에 매우 큰 영향력을 미친다. 더구나 글로벌 시대의 문화콘텐츠 판매 시장은 특정 국가에 국한되지 않고 전 세계를 대상으로 한다. 노래 한 곡이 히트하는 것만으로도 작곡가나 제작자 또는 가수가 벌어들일 수 있는 수입 규모가 매우 커졌다는 점에서, 음악이라는 문화상품을 다루는 음악 산업은 경제의 논리가 적용될 수 있는 분야다.

앞서 언급한 바와 같이 음악은 예술의 한 분야다. 예술가는 가난하고 배고픈 상황에서도 작품을 만들어내기 위하여 고뇌하는 사람으로 인식되어왔다. 그러다 보니 음악으로 큰돈을 벌어서 부자가 된다는 것은 꿈에 가까운 일이었다. 하지만 음반 산업이 활성화되고, 대중음악이 등장하면서 생계의 수단으로 음악을 이용할 수 있게 되었다. 이와 더불어 대중문화 산업 활성화로 인하여 이제 음악은 재능만 있으면 큰돈을 벌어들일 수 있는 황금 알을 낳는 거위가 되었다. 즉, 우리는 음악 산업에 대한 전반적인 이해를 바탕으로 구조적인 문제점들을 개선해나가며, 궁극적으로 음악 산업의 발전을 도모하기 위한 논의가 필요한 시점에 서 있다. 한편 디지털 시대를 맞이하면서 음악 산업은 기존의 산업 기반을 이루고 있던 음반 산업에서 위기를 맞으며 새로운 변화를 겪고 있다. 따라서 음악 산업이 지속적으로 성장하기 위해서는 디지털 시대의 새로운 패러다임을 적용해야 한다.

이러한 시점에서 이 책은 21세기 한국 음악 산업에 관한 학문적인 이해와 실용적인 정보를 제공하기 위한 목적으로 쓰였다. 이 책의 특징은 21세기에 들어 새롭게 변화하는 음악 산업의 디지털화와 글로벌화의 현상에 대하여 설명하는 것에 머무르지 않고, 발생 가능한 문제점 또는 한계를 규명하고 향후 도전 과제와 진흥 방안까지 구체적으로 논의한다는 점이다.

우선 제1장에서는 음악 산업에 대하여 개론적으로 설명한다. 음악 산업의 개념, 특성, 구성 주체 등을 구체적으로 규명하여 이후의 음악 산업 관련 논의에 대한 기초 지식을 제공한다. 제2장에서는 국내외 음악 산업의 역사를 알아본다. 음악 산업을 대표하는 대중음악의 역사를 개괄적으로 살펴보고, 음반 산업의 성장과 더불어 음악 산업에 대한 관심을 시대순으로 알아본다. 제3장에서는 최근 새로운 전환기를 맞이하고 있는 음악 산업에 대해서 서술한다. 특히 디지털 시대의 음악 산업에 나타난 가장 큰 변화인 음악 산업의 디지털화와 글로벌화를 중심으로 다룬다. 음악 산업의 디지털화, 즉 음반에서 음원으로 변환되는 과정에서 나타나는 특징과 문제점을 알아보고, 해외 사례를 검토하여 해결점을 제시한다. 또한 한류로 대표되는 음악 산업의 글로벌화를 집중적으로 조명한다. 아울러 최근 등장한 음악 산업의 변화와 관련된 이슈들에 대해서도 언급한다. 제4장에서는 현재 국내 음악 산업 현황에 관한 구체적인 수치를 제시하여 고찰하고, 해외의 음악 산업 현황에 대해서도 알아본다. 제5장에서는 음악 산업이 직면한 문제점인 저작권copyright 문제와 한류를 통한 해외 진출 방안에 대해서 알아본다. 마지막으로 제6장에서는 음악 산업을 활성화시키기 위한 방안을 살펴보고 진흥 전략을 제시한다.

음악 산업은 지금도 끊임없이 변화하고 있다. 새로운 음악이 나와서 히트를 치는가 하면, 기존의 음악이 새롭게 해석되어 큰 인기를 끌기도 한다. 또한 새로운 가수들이 출현해서 스타로 인정받기도 하고, 기성 가수가 꾸준히 인기를 유지하기도 한다. 소비자인 대중의 취향도 고정적이지 않고 가변적이어서, 한 장르의 음악이 판매를 독점하기보다 여러 장르의 다양한 음악이 소비되는 경향을 보인다. 따라서 음악 산업을 바라보는 시각도 다양하며 시대에 따라 다르게 나타난다. 음악 산업, 즉 음악이라는 콘텐츠 산업을 이해하기 위해서는 먼저 음악 산업의 시스템을 이해하고 음악 산업의 규모와 현황을 파악해야 한다. 또한 시대에 따른 제작 및 소비 변화의 추이를 따라가며 최근 발생한 이슈의 영향을 분석하고, 당면 과제를 해결하기 위한 방법을 살펴보아야 한다. 이를 통하여 음악 산업의 미래를 예측하거나, 적어도 향후 음악 산업이 나아갈 방향의 큰 그림은 제시할 수 있을 것으로 기대한다.

최근 등장한 음악 위주의 방송 프로그램들로 인해서 음악 산업은 새로운 국면에 접어들었다. Mnet의 〈슈퍼스타 K〉, MBC의 〈위대한 탄생〉, 그리고 KBS의 〈TOP밴드〉 등은 가수 지망생 또는 잘 알려지지 않은 실력자들이 참여하여 서바이벌 오디션 형식으로 경쟁을 거쳐 가수의 꿈을 이루는 과정을 그리고 있다. 이와 더불어 MBC의 '나는 가수다'와 KBS의 '불후의 명곡'과 같은 예능 프로그램들은 기성 가수들을 등장시켜서 타 가수의 노래를 부르게 하거나, 편곡을 통해서 새로운 음악 콘텐츠를 생산해내고 있다. 이들 프로그램이 인기를 얻으면서 과거의 명곡들이 재조명되고 있다. 그리고 방송에 나온 노래들이 매주 음원 차트의 상위권을 차지하는 등 음악 방송 프로그램은 음원 산업에 큰 영향력을 미치고 있다. 음원 산업 못지않게 공연 산업 또한 호황기를 누리고 있다. 물론 라이브 공연은 이미 새로운 음악 소비 시장으로 자리 잡은 상태다. 그런데 음악 방송 프로그램을 통해서 인지도를 얻게 된 가수들의 콘서트가 성황을 이루면서 이들의 활동이 공연 산업의 활성화 분위기를 주도하고 있다.

21세기 한국의 음악 산업은 비단 국내뿐 아니라 해외의 상황도 언급해야 할 정도로 전 세계적인 호응을 얻고 있다. 드라마 수출과 성공으로 인하여 등장한 '한류'라는 말은 한국 대중가요를 의미하는 K-POPKorean popular music으로 이어져 신'한류'를 형성했고, 그 영역 또한 일본과 중국 등 아시아 각국에서 미국과 영국을 비롯한 유럽 전역, 남미와 호주에 이르기까지 전 세계로 넓어졌다. 세계 각국에서 K-POP의 커버댄스 공연이 길거리에서 펼쳐지고, K-POP 스타들의 공연 요청이 쇄도하고 있다. K-POP은 세계 각지에 퍼져 있는 한국 교민과 유학생 들에 의하여 알려졌으며, 주로 인터넷상의 동영상 공유 사이트를 통해서 퍼져나갔다. 세계적으로 인기를 끌고 있는 K-POP에 대한 외국인들의 관심과 열정은 한국에 대한 애정과 호감도 상승으로 이어지는 것으로 나타났다. 이는 문화콘텐츠를 통한 국위 선양의 일례로, 이를 지속적으로 발전시켜나가기 위한 노력이 필요하다. 이 책에서는 이러한 세계적인 K-POP 열풍이 음악 산업에 미치는 영향력을 밝히고 그 전망을 살펴볼 것이다.

차례

Track 01
음악 산업의 정의

1. 음악 산업이란?

1) 음악 산업의 정의

음악 산업에 대한 정의는 다양하게 존재한다. 한국음악콘텐츠산업협회의 「음악산업진흥에 관한 법률」(2011)에 의하면, 음악 산업은 "음악의 창작·공연·교육, 음반·음악파일·음악영상물·음악영상파일의 제작·유통·수출·수입, 악기·음향기기 제조 및 노래연습장업 등과 이와 관련된 산업"을 말한다. 또한 음악은 "소리를 소재로 박자·선율·화성·음색 등을 일정한 법칙과 형식으로 종합하여 사상과 감정을 나타낸 것", 음원은 "음 또는 음의 표현으로서 유형물에 고정시킬 수 있거나 전자적 형태로 수록할 수 있는 것", 음반은 "음원이 유형물에 고정되어 재생하여 들을 수 있도록 제작된 것"을 말한다.

한국콘텐츠진흥원에서 발행한 『2010 음악산업백서』(2011)에 따르면, 음악 산업은 "유형 혹은 무형의 음원 매체의 판매 사업, 공연 및 이벤트 사업, 아티스트 매니지먼트 사업, 음악 출판 사업, OSMUone source multi use에 따른 머천다이징 사업 등 아티스트 및 그 악곡을 중심으로 한 사업"을 총칭하는 말이다. 영어로는 뮤직 인더스트리music industry 또는 뮤직 비즈니스music business라고 하며, 악보·음반·공연을 판매하는 것을 말한다.

2) 음악 산업과 음반 산업

음악 산업과 음반 산업은 구분할 필요가 있다. 음악 산업music industry과 음반 산업recording industry은 혼용하는 경우가 많은데 엄연히 개념이 다르다. 따라서 이 둘을 확실하게 구분해야 음악 산업이 위기에 처했는지 아닌지 논할 수 있다.

음악 산업은 음반 산업을 아우르는 상위 범주에 속한다. 음반 음악recorded music의 정의에서 알 수 있듯이 음반 산업은 CD와 같은 음악 매체의 판매·개인화·이동성에 초점을 맞추고 있는 반면, 음악 산업은 이러한 개인화·이동성을 포괄하는 동시에 콘서트와 같은 공연 행위까지 포함하는 광범위한 개념이다.

미국의 경우, 2000년부터 2007년에 이르기까지 CD 매출이 지속적으로 10%씩 감소했다(Curien and Moreau, 2009). 다른 나라에서도 이와 유사한 현상이 나타나고 있다. 즉, 전통적인 음반 산업이 위기에 직면했다는 점은 분명하다. 하지만 이것을 두고 음악 산업 전체의 위기와 침체라고 하기에는 무리가 있다. 감소하는 음반 판매량을 상쇄시킬 수 있을 정도로 음원 산업이 눈에 띄게 성장하고 있기 때문이다.

한국은 디지털 온라인 음악 시장의 점유율이 전통적인 오프라인 음악 시장의 점유율을 추월한 세계 최초의 나라다. 음악 시장 매출의 60% 이상이 디지털 판매를 통해서 이루어지고 있으며, 이러한 디지털 음악 시장의 점유율은 급격하게 증가하고 있다(Knowles, 2008). 따라서 전통적인 CD 음반 시장이 위축되고 소비가 감소한다는 것만으로 전체 음악 산업의 위기를 언급하는 것은 성급한 판단이다. 오히려 음반 산업의 위기를 음원 산업의 성장으로 극복해나가고 있다는 점에서 음악 산업은 새로운 도전을 맞이하고 있다는 표현이 더 알맞다.

2. 음악 상품의 특성

1) 음악의 상품적 특성

음악은 생산(제작), 유통 및 판매가 가능하다는 점에서 문화상품의 일종으로 볼 수 있다. 김휴종(1997)과 신현준(2002)은 음악 상품의 특성을 다음과 같이 정리했다.

첫째, 음악은 음반을 한 번 산 이후에 똑같은 음반을 다시 사는 경우가 드물다는 점에서 '소비의 비반복성'이라는 특성이 있다. 아무리 좋은 음악이라도 여러 번 듣기 위해서 같은 음반을 또 구입하는 경우는 거의 없다는 것이다.

둘째, 음반은 '사유재'와 '공공재'의 성격을 동시에 가지고 있다는 특성이 있다. 한 음반을 개인이 구매해서 이용하는 경우에는 사유재의 성격에 가깝지만, 홍보를 위해서나 불특정 다수를 위해서 매스미디어를 통하여 광범위하게 음악을 실행할 수 있다는 점에서 음악 상품은 공공재의 성격을 띠기도 한다. 이를 '부분적 공공재'의 특성이라고 한다.

셋째, 음악은 음악을 듣는 사람들이 여가를 즐기거나 감성적인 욕구를 충족시키기 위하여 소비한다는 측면에서 '사치재'의 성격을 띤다. 사치재는 상품의 수요가 소득에 대하여 탄력적이라는 특성이 있는데, 음악 상품 역시 그러하다.

넷째, 음악은 소비자가 구매해서 들어보기 전에는 그 품질을 알 수 없다는 점에서 '경험재'에 속한다고 할 수 있다.

음악 상품이 가지는 위 네 가지 특성은 전통적인 음반 산업 내에서의 음악 상품을 대상으로 한 것이어서 현재와 같은 디지털 환경에 적용하기 위해서는 약간의 수정이 필요하다.

첫 번째 특징으로 '소비의 비반복성'을 꼽았는데, CD와 같은 음반을 구매해서 음악 상품을 소비했다고 하더라도 디지털 음원을 재구매하는 등 같은 상품을 한 번 이상 구매하는 경우가 발생하기 쉽다. 또한 같은 음악을 휴대전화의 벨소리나 통화연결음으로 설정하고자 할 경우에도 또다시 음악 상품을 구매해야 하는 상황이 발생하며, 인터넷상의 미니홈피나 블로그 같은 개인 미디어 공간을 꾸미기 위하여 배경음악을 사용할 때에도 다시 값을 지불해야 한다. 이는 생활용품과 같이 지속적으로 소비하게 되는 것은 아니지만 같은 상품을 다양한 형태로 여러 번 구매한다는 점에서 '한계적 반복소비' 현상이라 할 수 있다.

두 번째 특징으로 음악 상품의 '부분적 공공재'를 언급했는데, 이 또한 점차 공공재적인 성격이 강화되어간다고 볼 수 있다. 장미혜와 이충한(2006)에 의하면, 탈근대로 접어들면서 시작된 시공간의 파편화 및 분절화로 인하여 소비자는 음악에 바로 접속할 수 있는 환경을 추구하게 되었다. 이에 음악을 언제, 어디서, 얼마나 자유롭게 들을 수 있는가의 문제가 중요시되면서 사람들은 음악을 듣는 것 그 자체보다 음악을 듣게 되는 장소, 분위기, 재생 장치 등의 여건, 즉 어떻게 음악을 향유할 것인가에 대하여 관심을 가지게 되었다는 것이다. 또한 이들은 오프라인에서의 관계 약화가 온라인상의 관계 형성 및 강화를 불러일으켰다고 하면서, 이는 음악 상품의 소유를 개인 독점적인 전유에서 개방적 관계에서의 공유 형태로 변화하게 했다고 설명했다. 따라서 커피 전문점에서 음악을 재생하기 위해서는 그에 대한 사용료, 즉 저작료를 지불해야 하지만, 휴대전화의 통화연결음이나 블로그, 미니홈피 등의 배경음악의 경우에는 소비의 비배제성과 비경합성으로 인해서 무임승차가 가능하게 되었다는 것이다. 돈을 내고 음원을 구매하지 않더라도 다른 사람의 구매 후 사용을 통해서 음악을 소비할 수 있게 된다는 의미다. 이러한 점은 음악상품의 부분적 공공재 성격을 보편적 공유로 나아가는 공공재적 성격이 잠식해나가고 있다는 주장을 뒷받침한다.

세 번째 특징인 음악의 '사치재' 성격은 디지털 음원 시대에 들어서 더욱 강해지고 있다. 음악을 단순히 감상하는 소비에서 벗어나 다른 사람들에게 자신을 표현하는 수단으로도 이용하기 시작한 것이다. 장미혜와 이충한(2006)은 지난 10년간의 음악 소비 유형에 대하여, 계보적 소비가 관계적 소비로 이행되었다는 것을 큰 변화로 지적했다. 계보적 소비는 자신의 음악적 취향을 음악사적 계보 속에서 위치시킨 후 다른 가수 또는 다른 장르의 소비로 이동하는 것을 말하며, 관계적 소비는 자신의 소속 집단의 기준에 따라 음악을 소비하는 것을 말한다. 실제로 휴대전화의 벨소리나 통화연결음은 구매자 본인이 듣는 것이 목적이 아니라 다른 사람들에게 자신이 어떤 사람인지를 표현하기 위하여 사용되는 경향이 있다. 미니홈피나 블로그의 배경음악 또한 구매자의 정체성이나 일시적인 감정 등을 표현하는 수단으로 이용되는 경우가 많다. 가령 시대의 흐름을 잘 이해하고 있으며, 앞서가는 혁신적인 이미지를 갖고 있다는 것을 나타내기 위해서 최신곡으로 벨소리나 배경음악을 바꾼다는 것이다. 실제로 싸이월드의 배경음악은 날씨에 따라 판매의 판도가 달라지는 것으로 나타났다. 자신의 취향보다 그날의 날씨에 맞는 음악을 구매한다는 것이다. 이처럼 오늘날의 음악은 자신이 속한 준거 집단에게 자신을 나타내기 위하여 이용된다는 점에서 더욱 많이 소비되는 경향이 있다. 또한 과거와 달리 유행의 기간이 짧아 소비가 촉진되기도 하며, 새롭거나 재미있는 음악 또는 벨소리에 적합한 강력한 느낌의 후렴구가 있는 음악의 경우에는 소비가 더욱 증가하게 된다.

마지막으로 음악의 '경험재'적 특성은 음악이라는 상품의 기본적인 특성이므로 디지털 음원에서도 나타난다. 하지만 음원을 구입하기 전에 미리 듣기 서비스를 이용하거나, 다른 사람들의 구매를 통해서 접해본 음악을 구매하는 경우도 있기 때문에 경험재적 특성은 점차 희미해지고 있다. 예전에는 노래 한 곡을 듣기 위해서 여러 곡이 담긴 음반을 사야 했지만, 디지털 음원의 경우에는 개별적으로 음악을 구매할 수 있어서 원하지 않는 곡도 강제로 사야 하는 경우가 사라졌다. 특히 벨소리나 배경음악의 경우에는 이미 들어본 곡을 구매하는 경우가 많고, 그렇지 않다 해도 미리 들어보고 구입할 수 있어서 경험재의 특성으로 인한 구매 위험 부담이 거의 없는 셈이다. 이처럼 음악 상품의 판매에서 미리 듣기의 중요성이 커진 만큼 음원을 판매하기 위해서는 소비자들에게 '음악을 어떻게 들려주는가'의 문제가 판매에 영향을 미치게 되었다. 따라서 여전히 방송 미디어나 과거의 구매 경험이 음원 구매를 결정하는 데에 영향을 주고 있다고 볼 수 있다.

2) 음악의 차별적 특성

음악 상품에는 다른 문화콘텐츠 상품과는 달리 몇 가지 차별적 특성이 있다. 먼저 음악 상품은 다른 문화콘텐츠 상품에 비해서 제작비가 상대적으로 적은 편이다. 영화나 드라마와 같은 영상물의 경우에는 제작비가 수백억 원 규모에 이르기도 하지만, 음악 상품은 기본적으로 작곡·작사·녹음의 과정만 거치면 되므로 저비용으로도 제작이 가능하다. 실제로 음반이 아닌 디지털 음원의 형태로 제작할 경우 더욱 비용이 적게 든다. 키보드와 컴퓨터만 있으면 음원 제작이 가능하기 때문이다. 하지만 제작비 투자가 적다는 점은 판매를 통한 수익도 마찬가지로 적은 편이라는 것을 의미한다.

또한 여타의 문화콘텐츠 상품의 소비가 일회성에 그치는 반면, 음악은 반복적으로 이용되는 특성이 있다. 영화나 드라마는 아무리 좋아하더라도 여러 번 반복해서 보는 데 제약이 있는 반면, 좋은 음악은 매일 여러 번 듣는 경우가 흔하며 좋아하게 되기까지 반복 청취가 필요하기도 하다. 이처럼 음반이나 음원은 한두 번 감상하기 위해서가 아니라 지속적으로 듣기 위해서 구매하는 경우가 대부분이다.

그리고 음악 상품은 다른 문화콘텐츠 상품과는 달리 소비와 타 행위가 동시에 이루어질 수 있다는 특성이 있다. 영상물은 시청하는 동안 다른 일을 병행하는 것이 매우 비효율적이며 불가능한 경우도 많지만, 음악은 이동하거나 다른 작업을 하면서 들을 수 있다. 즉, 영화나 드라마는 그것에 집중해서 소비하는 상품이지만 음악은 행동의 주요 대상이 아니라 부수적인 역할을 할 수도 있다는 것이다. 따라서 휴대하고 다닐 수 있도록 이동성이 강조된 디지털 기기들의 확산이 음악 산업을 구성하는 주요 요인으로 꼽힌다.

마지막으로 음악 상품은 다양한 형태로 소비된다는 특성이 있다. 우리는 음악을 텔레비전이나 라디오와 같은 방송 미디어를 통하여 듣거나, 음원을 구입하여 컴퓨터나 휴대용 플레이어를 이용하여 감상하기도 하며, 휴대전화의 벨소리나 미니홈피의 배경음악으로 구입해서 소비하기도 한다. 이처럼 음악은 주로 음원 형태로 소비되지만, 때로는 콘서트와 같은 공연의 형태로 소비되기도 한다. 녹음된 음원을 반복해서 듣는 것과 실제 가수·연주자가 무대 위에서 노래하는 것을 직접 듣는 것은 감상

효과의 차이가 난다. 또한 같은 곡이라도 가수나 연주자, 편곡자의 특성에 따라 달리 해석되기 때문에 누가 부르는지, 누가 편곡했는지 등에 따라 새로운 곡으로 느껴진다. 이처럼 음악은 여러 가지 미디어를 통해서 다양한 표현 방식으로 반복적이며 새롭게 소비되는 특성이 있다.

3. 음악 산업의 산업적 특성

음악 산업은 산업적 구조를 갖추고 있기 때문에 다른 분야와 마찬가지로 여러 산업적 특성을 지니고 있다. 이들 산업적 특성은 다음과 같다.

1) 과점Oligopoly

과점적 산업이란 그 산업이 소수의 대규모 회사에 의하여 지배되고 있는 상태, 그로 인하여 새로운 기업이 그 시장에 쉽게 뛰어들지 못하도록 진입 장벽이 형성되어 있는 산업 형태를 말한다. 진입 장벽이 존재하기 때문에 과점 기업들은 독점 기업과 같이 장기적으로 경제적 이익을 누리는 효과를 얻는다(Hoskins, McFadyen and Finn, 2004).

음악 산업도 이러한 과점적 산업 구조를 형성하고 있다. 소수의 대형 음반 제작사들이 수입을 공유하는 체계가 형성되어 있기 때문이다. 음반 산업의 수익 대부분이 소수의 대히트 음반을 중심으로 창출되는 반면, 지출은 보통 음반 제작 비용이 아닌 유통·홍보 및 판촉·광고 등에서 발생한다. 미국의 경우 대개 네 개의 소수 기업이 최고의 히트곡들을 제조해냄으로써 과점적 구조를 형성하고 있다. 2003년 통계에 의하면 전 세계적으로 음반 유통 시장을 석권한 회사는 EMIElectric Musical Industries Ltd., 소니뮤직Sony Music Entertainment Inc., BMGBMG Entertainment, 워너뮤직Warner Music, 그리고 유니버설뮤직Universal Music Group이었다. 이들 다섯 개 회사가 전체 음반 시장에서 차지하는 비율은 75%에 달했다(국제음반산업협회, 2003). 2008년 BMG는 소니뮤직에 합병되었으며, 2011년에는 유니버설뮤직이 EMI을 흡수했다. 현재 음반 유통 시장은 소니뮤직, 워너뮤직, 유니버설뮤직 이 세 회사가 점유하고 있다.

2) 수직 계열화Vertical Integration

주요 음반 회사들은 어느 정도의 수직 계열화를 이루고 있다. 수직 계열화란 한 음반 회사가 제작에서부터 홍보, 유통에 이르기까지 각 단계마다 필요한 부서 또는 자회사를 모두 가지고 있는 것을 가리킨다. 최근에는 이에 머무르지 않고 오프라인 음반 유통 체인점에 투자하는 경향을 보이기도 한다. 수직 계열화는 주요 음반 회사가 그들의 과점적 지위를 유지하는 중요한 수단 중 하나다. 음반 제작에서부터 소비에 이르는 일련의 단계를 통제함으로써 수직 계열화를 달성한 회사는 경쟁 회사에 비하여 다음과 같은 네 가지 이점을 얻을 수 있다(Rothenbuhler and McCourt, 2004).

첫째, 수익을 얻을 수 있는 창구가 늘어난다. 음반 발매 회사 publishing company를 가진 음반 회사는 음반에 대한 소유권을 가질 수 있어 저작권을 통한 수익을 창출할 수 있다. 둘째, 운영이나 회계, 인사와 같은 회사에 필요한 운영 조직적 기능을 중앙 집중화하여 비용을 절감할 수 있다. 셋째, 운영 또는 자원 배분과 같은 활동 스케줄 등을 전체적인 관점에서 관리하고 통제할 수 있다. 넷째, 수직 계열화된 회사는 다른 경쟁 회사가 이러한 자신들의 고유하고 계열화된 유통·광고 서비스에 접근하는 것을 막을 수 있다.

한국에도 YBM 서울음반, 예당 엔터테인먼트, 대영 AV, 도레미 미디어 등 종합음반업체로 영역을 확장한 대형 음반사가 있다. 이 회사들은 전속 아티스트들을 두고, 음반의 기획·제작에서부터 타 기획사와의 제휴를 통한 홍보 및 유통까지 총괄하며 수직 계열화를 이루고 있다(이은민, 2005).

3) 복합 기업Conglomeration

영화와 음반 산업의 유대는 유성 영화가 처음 등장하는 시기까지 거슬러 올라간다. 최근 음반 회사는 다국적 기업에 흡수되는 경향을 보이는데, 그 예로 워너브라더스레코드Warner Bros. Records는 타임워너의 자회사가 되었다. 워너브라더스레코드는 모기업을 통하여 케이블 텔레비전, 영화, 출판과 같은 여러 미디어 회사와 연결되어 있다. 이러한 모그룹 내 미디어 네트워크는 음반 회사가 그룹 전체의 수익 창출 활동에 관여하게 한다. 예컨대 음반 회사는 여타의 미디어 활동을 통한 모기업의 손실액을 복구하는 수익원 역할을 하기도 하며, 반대로 모기업을 통하여 영화 사운드트랙OST 등 새로운 가수와 음반을 홍보할 수 있는 중요한 통로를 제공받기도 한다.

이러한 사례가 가리키는 바와 같이, 미디어 복합 기업은 미디어 간 유대와 저작권 공유를 통하여 그들의 수익을 극대화하려고 노력한다. 가령 비즈니스 전략으로 톱스타와 신인 가수를 자사가 제작하는 영화 사운드트랙에 참여시키는 경우를 들 수 있다. 또한 유명 배우가 신인 가수의 뮤직비디오에 출연하여 대중의 관심을 불러일으키거나 텔레비전 토크쇼에 함께 출연하기도 한다. 이외에도 배우, 가수와 관련된 상품이나 기념품을 만들어 극장이나 콘서트홀에서 팔기도 한다.

4) 규모의 경제Economies of Scale

특정 산업 내에서 고정 비용과 초기 투자 비용은 크지만 하나의 제품을 생산하는 비용이 지속적으로 줄어들 때, 그 산업은 '규모의 경제가 있다'고 말할 수 있다. 이 점에서 음반 제작에서부터 유통, 판촉에 이르기까지 수많은 대중을 상대로 대규모의 음반을 다루는 기업을 운영하는 것은 매우 유리하다. 왜냐하면 하나의 CD 음반을 만드는 비용 대부분이 제작과 유통, 판촉에 고정되어 있다는 점에 비추어볼 때, 초기 복제 비용first-copy costs은 하나의 음반이 팔려 나갈 때마다 고르게 분산되기 때문이다. 바꾸어 말하면, 초기 투자 또는 복제에 드는 비용은 CD가 한 장이 팔려 나가든 수백만 장이 팔려 나가든 거의 차이가 없다. 따라서 CD를 많이 팔면 팔수록 CD 하나를 복제하는 비용이 적어지고, 음반 회사는 더 큰 이익을 얻게 된다(Rothenbuhler and McCourt, 2004).

다른 미디어 산업과 마찬가지로 음반 산업은 초기 투자 비용이 많이 들기 때문에 규모의 경제가 필요하다. 또한 다른 미디어 산업과 마찬가지로 실패할 확률이 높다. 그래서 마케팅에 자신 있는 거대 음반 회사들도 열 개의 음반 중 하나만 히트해도 대성공이라고 하는 상황이다. 그 하나의 히트 음반의 수익을 통하여 나머지 실패작flops의 손실을 메우는 구조다. 이러한 산업적 특성으로 말미암아 앞서 기술한 바와 같은 음반 산업의 복합 기업화, 과점화 현상이 두드러지게 나타나는 것이다.

5) 진입 장벽Barriers to Entry

이론적으로 음반 산업은 진입 장벽이 낮은 편이다. 대중적 인기를 얻고자 하는 이름 없는 가수와 가수 지망생은 늘 공급 초과 상태이고, 음반 취입은 예전에 비해서 비용이 낮아졌으며 보편적으로 접근이 가능해졌다. 최근 소규모 음반 회사의 음반 제작이 증가하고 있는 추세이긴 하지만, 음반 산업에서 거대 자본이 차지하는 비중은 여전히 크다. 앞서 언급한 바와 같이, 전통적인 CD 음반 제작과 판매에서 가장 중요한 분야는 유통과 판촉 분야다. 메이저 회사와 독립 제작 회사를 구분하는 기준 역시 자사 유통망을 가지고 있는지 여부에 달렸다.

메이저 회사는 자사 유통망을 가지고 있는 반면 독립 제작 회사는 대부분 그렇지 못하다. 독립 음반 제작 회사가 자사의 CD를 판매하기 위해서는 이러한 메이저 회사의 유통망에 접근해서 계약을 맺지 않을 수 없는데, 이때 메이저 회사는 당연히 유통 계약상 직간접적으로 우월한 지위를 점하게 된다. 다시 말해 음반 수익 배분에 관하여 거대 메이저 회사가 자신에게 유리하도록 계약을 맺을 수 있다.

특히 독립 음반 제작사가 국제 음반 시장에 뛰어들기 위해선 전 세계적 유통망을 보유하고 있는 이들 메이저 회사와 계약할 수밖에 없다. 하지만 직간접적인 불이익을 견뎌내고 수익을 창출하기란 쉬운 일이 아니다. 이러한 점에서 미국에서는 기존 3

대 메이저 음반 회사의 카르텔Cartel, 기업 연합이 점점 공고화되는 경향을 띤다.

4. 음반 산업의 구성 주체

지금까지 주로 기업을 중심으로 음반 산업의 산업적 특성을 살펴보았다. 이제 음악이 생산되고 소비되는 과정과 그 과정에 참여하는 주체들을 알아보자. 음반 산업을 구성하는 주체는 크게 작곡가와 가수·연주자를 포함한 음악가 집단, 음반사, 소비자로

〈그림 1〉 전통적인 음반 산업의 구조

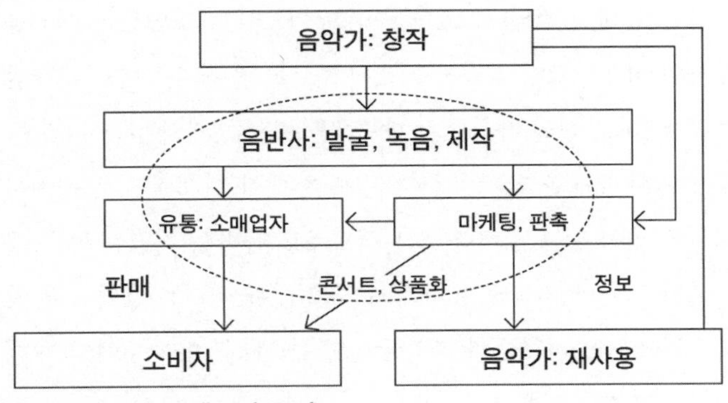

자료: Peitz and Waelbroeck(2006).

나눌 수 있다. 〈그림 1〉은 음반 산업에 참여하는 구성 주체들을 나타낸다. 이 가운데 점선으로 표시한 영역은 경제적인 동기에 의하여 이러한 유통, 판촉, 판매 기능이 하나의 기업 안에 수직적으로 통합될 수 있음을 나타낸다. 이 그림을 통해서 알 수 있듯 음반 회사는 전통적으로 마케팅과 광고 활동을 담당해왔다.

1) 가수·연주자·작곡가Artists

음악은 작곡가와 가수·연주자에 의한 창작물이다. 당연한 이야기처럼 들리겠지만 음악을 창작하는 것은 음반 회사가 아니다. 음반 회사는 계약을 통하여 작곡가와 가수·연주자로부터 음악을 얻는다. 반대로 작곡가와 가수·연주자는 회사의 유통·판촉 서비스를 이용하여 대중에게 접근하고자 하는 목적을 이룰 수 있다.

음반 계약은 가수·연주자와 작곡가, 음반 회사에 따라 매우 다양한 형태를 지닌다. 보통 유명한 가수들은 다년간의 계약을 통하여 적게는 7%, 많게는 20%에 이르는 음반 수익률을 보장받는다. 반대로 신인 가수들은 계약금을 빼고는 거의 장래 판권 수입에 관한 보장을 받지 못한다. 음반에 대한 미래 수익은 순전히 회사의 몫이 되는 것이다. 역사적으로도 음반을 취입한 가수 대부분이 그들의 저작권과 미래 수익에 대한 권리를 계약금과 맞바꾸었다. 즉, 가수들이 계약금을 받는 대신 미래 수익에 대한 권리를 포기한 것이다.

이러한 계약 행태는 가수와 음반 회사가 동등한 입장에서 다루어지지 않고 있다는 점에서 비윤리적이라는 지적을 받아왔다. 하지만 이러한 형식의 계약 관행은 쉽게 바뀌지 않고 있다. 비단 미국의 사례에만 국한되는 것이 아니라 한국의 경우에도 이 같은 계약 관행은 고스란히 적용된다. 가까운 예로 그룹 동방신기와 SM엔터테인먼트 간의 분쟁은 초기의 불합리한 계약에서부터 비롯된 것이었다.

이에 대하여 음반 회사는 초기 음반 취입 비용, 뮤직비디오 제작 비용, 판촉 비용, 그리고 여타 부대 서비스 비용 등을 이러한 저작권과 미래 수익에 대한 권리 등을 통하여 상쇄할 수밖에 없다고 주장했다. 초기 투자 비용이 많이 들어가는 상황에서, 또한 미래 수익을 예측하기 힘든 상황에서 많은 이익을 가수에게 보장해줄 수 없다는 것이다. 어떤 가수의 음반이 성공을 거두어 어느 정도 초기 비용을 상쇄하고 수익을 얻었을 경우, 음반 회사가 저작권 수익금을 나누어 주기도 하지만 이러한 경우는 드물다. 더욱 최악의 상황은 이러한 초기 투자 비용을 복구하지 못한 음반 회사가 다음번 그 가수와 계약을 할 때는 더욱 불리한 계약 조건을 제시하는 경우라 할 수 있다.

한편 작곡가는 음반 발행으로 수익을 얻는다. 이러한 저작권 수익료에는 CD 음반 등의 판매를 통하여 얻는 기계적 권리 mechanical rights가 있고, 텔레비전 쇼프로그램이나 콘서트, 공연 등을 통하여 얻는 공연 권리performance rights가 있다. 어떤 경우이든 영리적 목적을 위하여 음악을 사용할 때에는 작곡가에게 저작권료를 지불해야 한다. 어쩌면 결과적으로는 작곡가가 가수보다 돈을 쉽게 버는 것인지도 모르겠다.

2) 음반 회사Record Companies

음반 회사는 가수와 소비자의 중간에서 기능하는 중간 상인 같은 존재다. 하지만 음반 회사는 가수와 소비자를 이어주는 단순한 역할에 머무르기보다 실제적인 제작과 유통에 참여하는 중요한 역할까지 담당하고 있다.

음반 산업은 카세트테이프, LP, CD와 같은 음반 상품의 제작과 판매가 지속적으로 반복되는 과정이 주를 이룬다. 이러한 과정을 충실히 수행하기 위하여 제작 공장, 물류 창고, 녹음실과 같은 시설이 필요할 뿐만 아니라 도소매업자, 가수, 프로듀서, 기타 운영진 등 인적 자원 역시 요구된다. 거대 음반 회사들은 이러한 제작 시설과 도매 유통망을 장악하여 음악 시장 지배력을 확대하고 있다. 음악 시장은 과점 양상을 보이고 있으며, 거대 회사들의 가격 담합 사례도 놀라운 일이 아니다.

1928년에 자기 테이프Magnetic tape가 개발되기 전에는 거대 음반 회사만이 음반 제작을 할 수 있을 정도로 음반 제작 과정은 비용이 많이 들고 복잡했다. 값싸고 다루기 쉬운 카세트테이프의 등장은 음반 녹음과 제작에 대한 붐을 일으켰다. 그 예로 1940년대 미국의 경우, 음반 회사의 수가 11개에서 200개 가까이 폭증했다. 최근에는 디지털 녹음 기술의 발달로 가수들이 기존 거대 음반 회사를 거치지 않고 단독으로 음반을 취입하는 사례도 늘어나고 있다. 이러한 디지털 기술의 등장은 아마추어 음악가들의 창작 활동을 촉진시켰고, 디지털을 통하여 운율을 마음대로 여기저기 갖다 붙이는 기술 역시 활성화시켰다. 기술의 발달이 음반 또는 음원 제작의 진입 장벽을 낮춘 것이다. 반면 제작된 음원의 양적 성장에 맞추어 질적 성장도 이루었는가에 대한 의문은 여전히 존재한다.

3) 소매업자Retailers

소매업자는 최종적으로 소비자와 접촉하여 음반을 판매하는 사람을 말한다. 이들은 또한 각 음반 회사와의 계약을 통하여 새로 발매된 음반의 판매를 도모하기도 한다. 그러나 근래의 마케팅과 광고는 대부분 거대 메이저 회사에 의하여 주도되며, 텔레비전과 라디오 등 대중에게 쉽게 접근할 수 있는 미디어를 통해서 이루어진다. 따라서 기존의 소매업자였던 음반 판매상의 역할은 이제 거의 찾아볼 수 없게 되었다. 그 대신 새로운 형태의 소매업자가 등장했다. 특히 디지털 음원의 경우에는 온라인상에서 구매가 이루어지고 있는데, 이때 온라인 스트리밍 서비스 사업자들이 소매업자의 역할을 담당하고 있다. 이들은 대형 사업자들과의 계약을 통해서 음원을 제공받아 이용자들에게 전달하는 중간 상인의 역할도 수행하고 있다.

4) 소비자Consumers

전통적인 음반 소비의 행태에서 주목할 점이 두 가지 있다. 하나는 음반의 하드웨어적 소비, 즉 실체적 소비에 관한 것이다. 음악을 저장하고 재생하는 매체의 형태가 무엇이든 간에 중요한 것은 소비자가 이러한 손에 잡히고 눈에 보이는 물건, 즉 음반을 사는 것이다. 매체 선택에 관하여 CD의 성공이 말해주듯 음반 회사는 유통·제작 비용을 더욱 낮추려 하는 경향을 나타내기 마련이다.

다른 하나는 오디오 기술에 관한 것이다. 역사적으로 오디오 기술은 소비자가 음악을 소비하는 문화 형식과 밀접한 관계를 맺어왔다. 1920년대 초반 축음기에 기반을 둔 음반 산업이 붐을 일으키기 전, 음악 사업의 수익 대부분은 공연이나 악기 판매, 악보sheet music 판매 등을 통하여 발생했다. 이 시기 이러한 음악 산업 구조에 발맞추어 미국에서는 피아노 판매업이 크게 호황을 누렸다. 다음으로 초기 축음기 회사는 축음기 판매를 촉진시키기 위하여 가정에서 세계적인 클래식 음반을 듣는 것이 자녀 교육에 효과적이라는 슬로건을 내세워 제품을 홍보했다. 특히 라디오의 보급은 악기를 연주하는 음악 소비 행태에서, 집에서 음악을 듣는 소비 습관으로의 전환을 더욱 강화시켰다.

이후 컴퓨터 음악 프로그램이 대중화되면서 기존의 음반을 재구성하거나 새로운 음악을 쉽고 비용 부담 없이 만들어내는 것이 가능해졌다. 인터넷을 비롯한 정보 기술이 소비 행태를 변화시키는 데 머무르는 것이 아니라, 음반 산업을 관통하는 가치 사슬 전반에 걸쳐 커다란 변화를 초래한 것이다. 소비자는 각자의 취향에 따라 음악을 선별적으로 들을 수 있고, 심지어 음악을 새롭게 변형시켜서 자신의 음악으로 만들어내는 창조 능력까지 갖추게 되었다. 이는 음악을 듣는 사람이었던 소비자가 만드는 사람이 되기도 하는 프로슈머prosumer의 등장을 불러왔다.

Track 02
음악 산업의 역사

1. 음악 산업의 기술 발달사

필자는 음악 산업의 역사를 통시적인 관점에서 보는 것보다, 이 글의 논리적 구조에 맞게 기술의 등장과 발전에 따른 음악 산업과 음악을 담는 매체의 변화에 주목하고자 한다. 사실 음악 산업은 음악을 팔아 수익을 창출할 수 있는 모든 형태를 그 범주 안에 포함시킬 수 있다. 따라서 인간을 하나의 매체로 간주할 때, 음악 산업의 역사는 자신의 목소리나 공연 행위를 팔아 생활을 꾸려나갔던 고대의 악사에게까지 거슬러 올라갈 수 있다. 오늘날에도 가수의 실제적인 공연 행위가 음악 수입의 중요한 수입 부분을 차지하고 있다는 사실에 비추어볼 때, 이러한 라이브 퍼포먼스는 매우 중요하고 강력한 음악 생산 행위라고 할 수 있다.

음악 산업이라고 지칭할 수 있는 형태가 처음 등장한 곳은 출판이 대중화된 유럽이었다(Hunt and Mellicker, 2008). 당시 음악 산업은 지금과 같은 녹음된 음악이 아닌, 한 장의 악보sheet music로 발행되는 것이었다. 사람들은 악보를 사서 개인적으로 악기로 연주하며 즐겼다. 이는 거리의 악사나 소리꾼을 대중이 무리지어 구경하던 것과는 달랐다. 악보의 등장이 지니는 함의는 사람들이 각자 개인의 집에서 음악을 소유할 수 있는 권리로 돈을 지불하기 시작했다는 사실이다. 주목할 만한 기술의 변화가 없었던 수백 년 동안 악보 산업은 음악 산업의 주요한 부분을 차지했다.

1) 축음기Phonographs

1877년 토머스 에디슨Thomas Alva Edison이 최초로 음악 재생 기구music-playing device인 축음기를 발명하여 특허를 받았다. 에디슨의 축음기는 벨Bell 사의 축음기와 치열한 경쟁을 펼친 끝에 대중적 지지를 얻는 데 성공했다. 벨 사의 축음기는 상대적으로 작동하기 쉬웠으나 음질이 그다지 좋지 않다는 단점으로 대중의 지지를 얻지 못했다. 에디슨은 1890년대에 최초의 상업 음반 회사recording studios인 뉴욕 축음기 회사New York Phonograph Company를 설립했다. 축음기는 이후 여러 기술적 변화와 진보를 거듭했다.

1890년에는 동전을 넣으면 작동되는 주크박스jukebox가 발명되었다. 주크박스는 대형 쇼핑 상가가 있는 거리에 비치되어 특히 인기가 좋았다. 당시에 연주되던 음반은 음악이 아니라 대부분 코미디극이었다(Tschmuck, 2006).

2) 라디오Radio

축음기나 주크박스 판매에 기반을 둔 초기 음악 산업은 라디오의 등장과 함께 성장세가 주춤해졌다. 라디오 역시 좀 더 나은 방식으로 집에서 음악을 듣고 즐길 수 있는 발명품 중 하나였다. 축음기는 다양한 음악을 재생하기 위해서 여러 장의 음반이 필요한 반면, 라디오는 수신기 하나만으로 다양한 음악과 이야기를 들을 수 있어 큰 인기를 얻었다. 라디오의 등장으로 인하여 일반 대중에게도 음악을 향유할 수 있는 기회가 열린 것이다.

3) 8트랙과 카세트Eight Track and Cassettes

제1차 세계대전 이후 음악을 담는 매체로 자성을 이용한 자기 테이프가 발명되었다. 이것은 8트랙eight track으로 잘 알려져 있는 제품의 초기 형태였다. 그러나 이 제품은 크기가 매우 크고 되감기 기능이 없다는 단점이 있었다. 이러한 단점을 보완하고자 자기 테이프 형태의 8트랙은 VHS 비디오 형태로 진화했으며 크기가 작아졌다. 이에 소비자는 집에서뿐만 아니라 자동차에서도 음악을 들을 수 있게 되었다. 8트랙 기술은 현재의 기준으로 보면 매우 우스꽝스러워 보일지 모르지만, 이동 중인 자동차 안에서 선택적으로 음악을 들을 수 있게 되었다는 점에서 산업과 소비자 모두에게 커다란 기술의 발전이었다고 평할 수 있다.

최초의 음악 카세트테이프는 1965년에 발매되었다. 1968년에 이르러서는 85개에 달하는 회사가 240만 개의 카세트 플레이어를 팔았는데, 이는 카세트테이프 산업이 한 해 150만 달러의 규모를 지니는 신성장 산업으로 성장했다는 것을 의미한다. 카세트테이프는 8트랙 제품을 시장에서 몰아낸 새로운 대체 기술이었다. 카세트테이프는 8트랙에 비해서 더 작고 휴대성이 높았으며, 좀 더 나은 음질을 제공했다. 게다가 일반 소비자들이 스스로 카세트테이프에 음악을 녹음할 수 있는 기능도 있었다.

4) CDCompact Discs

1978년 콤팩트디스크CD가 처음으로 선을 보였다. 일 년 후 소니Sony사가 200달러짜리 워크맨Walkman을 출시했는데, 당시의 물가 사정에 비추어봤을 때 200달러는 매우 큰 액수였다. 그러나 이로 인해서 소비자는 언제 어디서든지 원하는 음악을 마음대로 들을 수 있게 되었다. 이전까지는 걸으면서 음악을 듣는 것이 가능하지 않았던 것이다. 기술적 진보를 통하여 워크맨은 크기가 작아지고 가격이 낮아지는 등 끊임없이 개선되어 나갔다. 이는 워크맨의 대중적 보급에도 큰 도움이 되었다.

1986년에는 5,000만 장이 넘는 CD가 팔려 나갔고, LP는 CD에 밀려 점점 시장에서 사라져갔다. 이는 LP뿐만 아니라 카세트테이프 역시 마찬가지였다. 다른 음악 미디어나 기기를 이용하지 않아도 CD만 있으면 소비자들은 어디서나 음악을 즐길 수 있게 된 것이다(Gronow and Saunio, 1998).

5) MP3MPEG-1 Audio Layer 3

1990년대 초반 음악 산업에서 매체를 생산하는 라이벌은 소니사와 필립스Phillips사였다. 필립스는 1992년 CD-ROM 형태를 선보였고, 이에 소니는 미니디스크Minidisc: MD로 대응했다. 그러나 MD는 CD 시장을 전혀 공략하지 못했고, 1990년대 후반에는 시장에서 철수했다.

문제는 1998년에 MP3가 등장하면서부터였다. 이후 인터넷을 통한 음악 불법 다운로드가 크게 활성화되기 시작했는데, 많은 음반 회사들이 법적 조치 등을 통하여 이에 대응했음에도 큰 성과를 거두지 못했다. 2000년에 들어서면서 MP3 플레이어 출시는 봇물을 이루었다. 애플Apple 사에서 출시한 아이팟iPod은 MP3 플레이어의 판매를 크게 촉진시켰고, 이후 MP3 플레이어 시장은 꾸준히 성장해나갔다. 아이팟은 사용자가 이용하기 매우

〈그림 2〉 세계 음악 산업 판매 현황

(단위: 백만 달러)

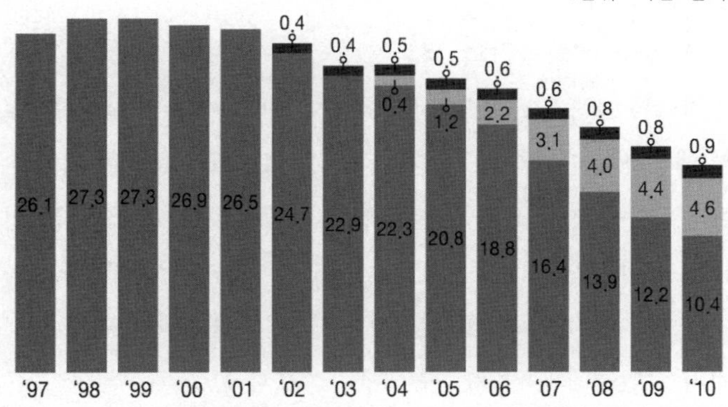

■ 음반 ■ 디지털 음원 ■ 공연 수익

자료: IFPI(2011).

편리하게 디자인되었으며, 젊은 소비자들에게 크게 어필했다. 아이팟은 기능 면에서뿐만 아니라 기기 자체가 패션의 트렌드가 되었다.

이처럼 MP3의 등장은 CD 판매를 감소시키는 결과를 낳았다. 하지만 반대급부로 온라인 음원 판매의 증가를 가져왔다. 〈그림 2〉에서 보듯이 음반 산업의 매출은 2000년에 들어 점점 감소하고 있으며, 디지털 음원 판매 규모는 2004년 이후 눈에 띄게 증가하고 있다.

2. 한국 음악 산업의 역사

1) 한국 대중음악의 역사

한국의 대중음악은 일본의 식민지 지배하에서 발생했다. 일본 대중가요인 엔카演歌의 영향을 받은 트로트가 등장한 것이다. 한국 고유의 전통 음악이 전혀 섞이지 않은 탓에 당시의 지식인들은 왜색을 띤 대중음악을 외면했으며, 가수들은 '딴따라'라는 이름으로 불리며 천대를 받았다. 그러나 대중음악은 일제 강점기의 국민들에게 위안을 주었다. 「목포의 눈물」과 「눈물 젖은 두만강」, 「감격시대」 등은 당시 큰 인기를 끌었으며, 해방 이후 일본의 뒤를 이어 미 군정이 등장한 상황에서도 「이별의 부산 정거장」, 「댄서의 순정」과 같은 트로트 가요는 변함없이 사랑을 받았다. 1930년대부터 우리 국민들의 정서를 대변하던 트로트는 1970년대 로큰롤과 포크송이 등장할 때까지 대중음악계를 지배했으며, 현재까지도 트로트는 성인가요라는 이름으로 그 명맥을 이어가고 있다.

1970년대에는 기성세대 문화와 차별되는 청년 문화가 등장하면서 음악 장르를 주도했다. 1960년대 말부터 대학가를 중심으로 서서히 나타난 청년 엘리트 문화는 저항적 가사를 담은 포크 음악과 강렬한 비트의 록 음악으로 대변된다. 이전까지는 주로 기성세대가 트로트를 향유하며 문화의 중심에 있었는데, 포크와

록 음악의 유행은 젊은 세대에게로 문화의 주축을 끌어내리는 역할을 했다. 통기타 반주의 포크 음악은 생맥주 홀과 음악 감상실, 고고장 등 젊은이들만의 문화 공간을 활성화시켰다. 통기타를 연주하며 노래하는 가수들을 출연시키던 생맥주 홀 '쎄시봉'과 '오비스 캐빈' 등에서는 많은 가수가 배출되었는데, 대표적으로 이장희, 한대수, 트윈폴리오, 어니언스 등이 있다. 한편 양희은과 김민기의 만남은 대학생들의 저항 운동을 노래로 분출하는 역할을 담당했다.

1977년에 〈MBC대학가요제〉가 기획되면서 포크의 열기는 점차 식어갔다. 포크 가수들이 큰 인기를 얻고 대중 가수가 되어 텔레비전에 출연하면서 생맥주 홀의 인기가 떨어질 무렵, 제1회 〈MBC대학가요제〉에서 입상한 샌드페블즈의 「나 어떡해」는 새로이 고고 리듬의 인기를 몰고 왔다. 이를 계기로 한국의 가요계는 대학생들이 주축을 이루는 가요제 출신 록밴드가 주도하게 되었다.

한편 당시 정권을 잡고 있던 박정희 대통령은 독재 체제를 강화하면서, 서구의 저질 퇴폐 문화의 철폐에 노력을 기울였다. 박정희 정권의 시각에서 볼 때, 대중문화계에서 저질 문화를 양산하는 부류는 바로 통기타 가수들과 미8군 출신 연예인들이었다. 미국 히피 문화의 영향으로 대마초 흡연이 이들 사이에 유행했던 것이 하나의 이유였다. 정부는 수많은 가요와 팝송을 금지곡으로 지정하고 대마초 단속에 들어갔다. 그리고 1975년 12월 2일, 일명 '대마초 파동'으로 인하여 수많은 연예인들이 활동 금지를 당했다.

대부분의 인기 가수들이 갑자기 모두 사라지면서 대중음악계는 공황 상태에 빠졌는데, 이때 등장한 인물이 조용필이었다. 조용필은 1976년에 발매된 「돌아와요 부산항에」를 크게 히트시키면서 가요계에 이름을 알렸지만, 그 역시 대마초 흡연으로 한동안 활동 금지를 당했다. 1980년에 들어서면서 조용필은 관현악기보다는 신시사이저synthesizer를 적극적으로 사용하는 등 당시로서는 상당히 세련된 사운드를 들려주었다. 「창밖의 여자」와 「단발머리」가 수록된 앨범은 엄청난 판매고를 올렸고, 그 후 10년 넘게 조용필은 가요계의 1인자 자리를 유지했다.

1980년대에 한국의 경제는 괄목할 만한 성장을 이루었는데, 경제 발전은 대중의 욕구를 다방면으로 분산시켰고 이는 문화, 소비의 다양화로 이어졌다. 이러한 변화는 대중음악에도 크게 영향을 미쳐 록밴드 시나위를 비롯한 언더 헤비록, 주현미와 심수봉의 트로트, 소방차와 김완선 등의 댄스, 이문세와 변진섭의 발라드 등 매우 다양한 장르의 음악이 공존하게 되었다. 특히 그룹 들국화가 속한 동아기획은 언더그라운드 음악을 대중화하는 데 성공하여 대중가요 발전의 중심적 역할을 수행했다. 동아기획에서 활동하던 들국화, 김현식, 신촌블루스, 봄여름가을겨

울, 한영애 등 많은 가수가 참신하고 수준 높은 음악 세계를 선보였다.

한편 이문세와 변진섭의 등장으로 팝 발라드가 새로운 인기를 끌게 되었다. 이들의 음악은 밀리언셀러를 기록할 정도로 큰 성공을 거두었다. 1970년대의 대학생들과는 또 다른 시대와 문화를 경험한 1980년대의 대학생들은 팝 발라드의 경쾌하고 감각적인 면에 매료되었다. 이에 이승철, 이지연, 최호섭, 이상우, 조정현, 양수경, 김민우 등 수많은 발라드 가수가 배출되었다. 그러나 이러한 발라드 가수가 쏟아져 나오면서, 대부분은 지속적으로 활동하지 못하고 한두 곡을 히트시킨 후 사라지는 모습을 보였다. 훗날 라인기획으로 성장한 모아기획은 이러한 문제점에 대응하여 전보다 체계적인 기획 시스템을 창출했으며, 모아기획 소속이었던 신승훈은 이후 오랜 기간 동안 발매하는 음반마다 폭발적인 인기를 얻었다.

1980년대는 마이클 잭슨과 마돈나가 세계무대를 장악하던 시기였다. 이들은 고도의 테크닉이 가미된 브레이크 댄스를 선보여 젊은이들 사이에서 선풍적인 인기를 모았다. 이에 따라 한국에서도 단순히 리듬에 맞추어 몸을 흔드는 댄스가 아닌, 준비된 안무를 노래와 함께 선보이는 댄스 음악이 등장하기 시작했다. 그리고 김완선, 소방차, 박남정 등이 댄스 가수로 활약하던 시기에 서태지가 혜성처럼 나타났다. 1992년에 「난 알아요」라는 자작곡으로 데뷔한 서태지는 한국 대중음악의 역사를 서태지 등장 이전과 이후로 나뉜다고 할 만큼 획기적인 음악을 선보였다. 어린 시절부터 음악에 심취하여 시나위라는 록 그룹에서 기타를 연주했고, 모든 악기를 다룰 줄 아는 데다 뛰어난 작곡 능력까지 갖춘 서태지의 음악은 당시의 대중음악 수준을 몇 단계 앞서는 것이었다.

서태지의 음악에 대한 평가는 아직까지도 논란이 계속되고 있지만, 그가 1990년대 한국 대중음악에 지대한 영향을 끼친 것은 사실이다. 힙합과 테크노, 갱스터 랩 등 미국 본토 수준의 음악을 선보인 서태지의 음반으로 인하여 많은 장르의 음악이 발전하게 되었으며, 그의 패션이나 뛰어난 마케팅 기획력은 이후 등장한 대형 기획사에게 영감을 주었다. 순식간에 신드롬을 일으킨 서태지는 첫 등장만큼 새로운 음악을 바라는 대중의 기대에 부응하기 위하여 새 음반을 낼 때마다 완전히 변화된 모습을 보여주었다.

서태지의 등장으로 대중음악을 향유하는 주체가 10대 청소년으로 전환되면서, 서태지의 은퇴 이후 한국의 대중음악은 10대를 겨냥한 댄스 음악이 주류를 이루었다. H.O.T와 젝스키스, S.E.S와 핑클 등 수많은 댄스 그룹이 우후죽순처럼 나타났다가 사라졌다. 댄스 음악은 노래와 더불어 댄스가 중요한 만큼 외모가 가수의 중요한 조건이 되었고, 격렬한 춤을 추면서 노래를 부르기가 어려워지자 대부분의 음악 방송에서 립싱크가 당연시되었다. 심지어 노래 실력을 갖추지 못해도 댄스가 가능하면 가수가 될 수 있는 상황에 이르자, 매니저가 대신 노래를 녹음하고 가수는 방송에 나와 입만 벙긋거리며 춤을 추는 일까지 벌어졌다. 수없이 많은 댄스 그룹이 등장했다가 사라지고 립싱크와 표절 사태가 만연하면서, 결국 음악 프로그램들은 가수가 노래를 부를 때 화면에 립싱크와 라이브를 구분하여 자막으로 표시하는 방법을 선택하게 되었다. 이렇게 되자 립싱크에 의존하던 가수들은 대중에게 실력을 인정받지 못하고 하나 둘 도태되었고, 다시금 가창력이 있는 가수들이 서서히 사랑받게 되었다.

1990년대 한국은 경제적으로 호황기에 돌입했다. 더욱이 각 가정의 자녀 수가 줄어들면서 청소년들은 예전에 비하여 더 많은 권리를 누리게 되었다. 이들이 대중음악의 소비자층으로 유입되면서 음반 판매량이 늘고, 이로 인하여 음반 제작 사업으로 큰 수익을 올릴 수 있는 환경이 되자 음반 산업에 뛰어드는 사업자가 많아졌다. 그중 가수 출신인 이수만은 SM엔터테인먼트라는 연예기획사를 설립하고, 스타 양성 시스템을 통해서 아이돌 그룹들을 탄생시켰다. 이로써 가요계의 중심축은 가수에서 기획사로 옮겨졌고, 어떤 기획사와 어떠한 조건으로 계약하느냐가 가수가 성공하는 데에 중요한 요인이 되었다.

2000년대에도 여전히 아이돌 그룹의 전성시대가 이어졌으며, 대형 연예기획사에서 가수 지망생들을 선발하고 훈련시켜서 스타로 만들어내는 시스템이 정착되었다. 대부분 청소년으로 구성된 그룹이 음반을 발표하고 방송 프로그램을 통해서 인지도를 확보한 후, 개별적으로 드라마 연기, 방송 프로그램 진행, 예능 프로그램 출연 등 여러 방면에 걸쳐 활약하는 것이 성공적으로 스타가 되는 길로 비춰지고 있다. 또한 드라마 인기로 시작된 한류 열풍은 일본뿐 아니라 중국과 동남아시아의 여러 나라로 퍼져 나가서, 아이돌 그룹도 국내에서 얻은 인기를 바탕으로 해외로 진출하는 것이 자연스러운 수순이 되었다.

2) 한국 음악 산업의 변천사

1926년에 가수 윤심덕이 연인과 투신자살한 사건으로 인하여 그의 노래 「사의 찬미」를 듣기 위한 레코드와 축음기 구매가 활발해졌다. 당시 음악 산업은 일본에서 음반을 제작하여 국내로 들여오는 방식이었다. 최초로 한국인이 설립한 회사는 1933년에 등장한 오케 레코드사였다. 그러나 이 회사 역시 자본만 한국인의 것일 뿐, 여전히 녹음과 제작은 일본에서 이루어졌다. 한국에서 자체적으로 녹음, 생산된 최초의 음반은 1945년 발매된 장세정의 「울어라 은방울」이었다.

해방 이후의 도입기를 거쳐서 1960년대에는 음반 제작업이 정착되었다. 1965년에 FM 라디오 방송국이 개국하여 전문 음악 방송이 실시되고, 1968년에는 음반에 관한 법률이 공포되면서 음반 업계가 활성화되었다. 1970년대에는 카세트테이프가 등장하여 LP가 독점하던 음반 산업계에 새로운 변화가 나타났다. 카세트테이프는 음반의 복제가 쉽고 작은 크기의 기기를 이용하여 재생이 가능하다는 장점으로 인하여 음반 판매량 증대에 영향을 미쳤으나, 이는 군소 음반 회사의 증가와 더불어 불법 복제의 온상이 되는 결과를 가져왔다.

1960년대에는 KBS, TBC, MBC 등 3개 텔레비전 방송국이 개국했다. 초기 텔레비전 방송국은 각기 자국 전속 연예인을 지정하고 등급을 정하여 보수를 지급하는 시스템을 도입했다. 그러다 1980년대에 이르러 전속제가 없어지면서 연기자를 비롯하여 가수들의 활동 영역도 넓어졌다. 이에 따라 가수 혼자서 모든 스케줄을 관리하기 어려운 상황이 되면서 매니저의 역할이 커졌다. 1970년대의 매니저가 소위 '가방모찌'라 불리는 도우미 수준이었다면, 1980년대에 들어서는 '프로듀서'에 이르기까지 매니저의 역할이 확장되었다. 이 당시 음반 제작사는 작곡가를 비롯한 음악인과 전속계약을 맺고 음반을 발매하는 것이 일반적이었다. 따라서 전속되지 않은 음악인들은 상대적으로 불리한 조건을 감수해야 했다. 당시까지만 해도 음반 산업은 '제조업'일 뿐 저작권에 대한 의식이 확립되어 있지 않았다. 결국 음악인들은 음반 판매에 따른 수익 이외에 실연實演료와 같은 다른 수익은 얻지 못했다.

1970년대에는 '대명代名 제작'이라는 독특한 시스템이 존재했다. 이는 음반사와 전속계약을 맺지 못한 가수의 음반을 제작할 때 적용된 것이었다. 기획사는 자체 생산이 불가능하므로 음반사의 생산 시설을 임대해야만 했는데, 이때 제작된 음반에 기획사의 이름을 넣지 못하고 음반사의 상호를 넣어야 하는 시스템이었다. 즉, 독립 기획사가 존재하기는 했으나 독립 '레이블(상표)'은 존재하지 않았다.

1970년대에 대명 제작 방식으로 운영되던 기획사들은 '제조업'이 아니라 '서비스업'으로 분류되어 높은 세금을 부가 받았다. 이를 피하기 위하여 기획사는 제작사로 탈바꿈하는 과정을 겪게 되었다. 1980년대의 음반에는 기획사와 제작사의 상호가 모두 기록되어 있는 것을 발견할 수 있는데, 이러한 과도기를 거치면서 'PD 메이커'라 불리는 독립 기획사가 자리를 잡게 되었다. 기획사는 음반 제작을 담당하며, 제작사는 음반의 판매·수금·반품을 포함하는 배급을 담당하는 것이다. 이때 음반의 판권은 음반 제작사가 아닌 기획사의 소유가 되었고, 수입 분배는 음반사가 순이익금 중 일정한 지분의 인세를 기획사에게 지급하는 방식을 택했다.

이러한 현대적 형태를 갖춘 기획사가 등장하는 데에는 매니저가 중심적 역할을 했다. 초기의 매니저는 음반 제작사에 전속된 가수의 도우미 수준이었는데, 매니저의 역할이 커지면서 총제작자의 역할을 담당하게 된 것이다. 1987년에 한국이 세계저작권협약UCC에 가입하고, 한국음악저작권협회KOMCA가 저작권 집중관리 단체로 허가되면서 공연과 실연에 대한 저작권 관리가 한층 강화되었다. 이에 따라 가수는 음반의 판매 수익 이외에 라디오와 노래방을 비롯한 공공장소에서의 음악 실연료라는 수입을 얻게 되었다. 그러자 매니저는 방송의 촉진을 통하여 가수의 수입을 증대시키는 '에이전트'로서의 역할까지 담당하게 되어 그 역할 영역이 커졌다.

그런데 PD 메이커 시스템이 확립되면서 제작사와 기획사 간의 갈등이 발생했다. 다른 선진국과는 달리 한국에서는 음반사가 기획사에 '투자'를 하는 것이 아니라, 음반 제작에 필요한 자금을 빌려주는 '대출'의 형태로 자금이 유출되었다. 이때 음반이 제작비를 상회하는 수준의 판매고를 올릴 경우에는 문제가 없었지만, 그렇지 않은 경우에는 제작사에서 기획사에 미리 지급된 자금을 회수하기가 어렵다는 문제가 발생했다. 음반 판매 실적이 부진하여 기획사의 자금이 부족하다는 점도 원인이 될 수 있겠지만, 그보다는 한 개의 음반이 크게 성공하면 그동안의 모든 자금 손실이 한꺼번에 해소되므로 한두 번의 실패로 인하여 기획사와의 계약을 파기하지 않으려는 제작사의 심리가 작용했기 때문이다(신현준, 2002).

1990년대에는 다국적 메이저 음반 기업이 합작이나 직배의 형태로 한국에 진출하면서 큰 수익을 올렸고, 이로 인하여 국내 제작사는 큰 타격을 입었다. 이를 계기로 제작사의 힘이 약화되면서 연예기획사가 음반 시장의 통제권을 쥐게 되었다. 특히 이 무렵 한국은 경제적으로 풍요로워지고 한 가정당 자녀의 수가 적어지면서 청소년들의 구매력이 상승했다. 또한 입시 경쟁으로 인하여 청소년들은 짧은 여가 시간에 음악을 듣는 것으로 스트레스를 해소하는 경우가 많아졌다. 이에 따라 연예기획사는 청소년을 주요한 타깃으로 하는 아이돌 가수를 선보이며 큰 성공을 거두었다.

SM엔터테인먼트를 비롯한 대형 기획사는 음악을 통하여 스타가 되는 것이 아니라, 스타가 되기 위하여 음악을 활용하는 체계적인 스타 시스템을 도입했다. 아이돌 가수는 스타 시스템을 이용하여 가능한 한 많은 팬을 만들고, 그들에게 스타의 음반을 비롯한 이미지 상품을 팔아 수익을 올리는 것이 목적이다. 따라서 인지도를 높이고 매력적인 이미지를 형성하기 위해서는 버라이어티쇼 출연 등의 방송 활동이 매우 중요하다. 그러므로 기획사의 임무는 음반 제작보다는 스타의 '매니지먼트' 활동이 주가 된다.

아이돌 가수의 등장으로 음반 제작에서 막대한 제작비가 투입되는 뮤직비디오 제작이 필수가 되었다. 또한 원활한 방송 활동을 위한 로비 등 홍보 비용이 크게 증가했다. 결국 음반 판매의 손익분기점이 상승했고, 이는 다양한 대중가요의 제작을 막는 요인으로 작용했다. 위험 부담이 큰 신인가수의 음반, 소비의 중심인 10대의 관심을 받기 어려운 장르의 음반 제작은 회피하게 된 것이다. 이에 따른 장르의 편중화가 한국 음악 산업의 구조적인 문제로 부상했다.

2000년을 기점으로 음반 시장이 인터넷을 기반으로 하는 음원 중심 시장으로 변화하면서, 음악 산업은 저작권 산업으로 변모하기 시작했다. 음반을 제작하여 판매하는 음반 시장은 매출이 급감한 반면에, MP3를 판매하는 새로운 형태의 음원 시장이 등장한 것이다. 이에 따라 음반이 아닌 음원을 제작한 작곡가와 작사가 등에게 저작료가 돌아가게 되면서, 저작권과 저작인접권Neighbouring Right, 실연료와 음반 제작료 등의 권리에 의한 수입이 중요해졌다.

작곡가는 곡을 만들어 가수에게 줄 때 통상 한 곡당 일정 금액을 받는다. 이후 음원이 판매되거나 벨소리 등으로 가공되어 소비될 때, 텔레비전과 라디오 프로그램에서 음악이 방송될 때, 심지어 노래방에서 해당 노래가 불릴 때 역시 작곡가에게 저작료가 돌아간다. 이제 음악 산업은 음반 산업이 아닌 저작권 산업이라 할 정도로 저작권이 중요해진 것이다. 즉, 음반이 아닌 음원 판매의 형태로 판매 방식이 바뀌고 있는 현재에는 작곡가, 작사가, 제작사, 가수·연주자, 온라인 유통업자 등이 어떠한 비율로 수익금을 분배하느냐가 가장 중요한 문제로 대두하고 있는 실정이다.

Track 03
음악 산업의 변화

1. 음악 산업의 디지털화

21세기는 디지털 기술의 시대라 일컬어진다. 기술의 발전은 항상 모든 산업 전반에 큰 영향을 주기 마련이며, 때로는 급격한 변화를 이끌어내는 힘을 발휘하기도 한다. 새로운 제품과 방식이 등장할 때마다 예전의 것은 더 이상 쓸모없게 되어버리고 새로운 것으로 대체되는 경우가 많다. 전 세계적으로 음악 산업만큼 기술의 발전에 영향을 크게 받고 있는 산업도 없을 것이다. 초고속 인터넷망의 보급과 음악의 디지털화, 이동 전자 기기의 보급은 전통적인 음악 산업의 제작, 유통 등과 관련한 기존의 패러다임을 송두리째 뒤흔들고 있다. 바야흐로 음악 산업은 디지털 기술의 발전으로 인하여 음악 산업의 디지털화라는 거대한 도전을 맞이하게 된 것이다.

음악 산업의 디지털화에서 나타난 가장 큰 특성은 음반 판매량의 감소다. 음반 판매량의 감소는 새로운 테크놀로지의 출현을 비롯한 여러 가지 산업 환경의 변화에 따른 것이다. 어떠한 상품이나 기술이 개발되어 시장에 나오면 점차 활발하게 이용되다가, 시간이 지나 효용 가치가 떨어지거나 그 상품이나 기술을 대신할 대체물이 등장하면 이용이 줄어들고 결국에는 시장에서 사라진다.

음반에 노래를 넣어 판매하던 음악 상품의 경우도 마찬가지다. LP라는 레코드판의 형태로 생산되던 음반이 CD로 전환되었다가, 다시 MP3의 형태로 그 모습이 변화되고 있다. 이것은 시장의 원리상 당연한 것이다. 그러나 문제는 MP3가 종래의 음반과는 판이하게 다른 형태와 특징을 지니고 있으며, 음반에서 MP3로의 전환이 급격하게 이루어지고 있어 산업 종사자들이 경영의 형태를 그 속도에 맞추어 바꾸기가 힘들다는 것이다. 지난 20여 년간 CD의 판매 형태에 익숙했던 음악 산업계는 사라진 치즈에 당황하고 치즈를 옮긴 자들에게 분노하며, 앞으로 어디서 새로운 치즈를 구할 수 있을지 몰라 어리벙벙해하는 생쥐와 같은 상황에 놓인 것이다.

하지만 위기는 또 다른 기회를 만들어낸다. 음악 산업계가 당황하고 있는 사이 이동통신사들은 벨소리와 통화연결음 등 '음악 가공물'이라는 상품을 새로이 만들어냈고, 휴대전화기에 다운하여 노래를 들을 수 있는 MP3 다운로드 사이트 운영 등으로 엄청난 이익을 내고 있다. 이들은 그간 음반 판매 수익에만 관심 있던 음악 산업계에 '저작권'이라는 음악 제작자의 권리를 확립하고, 불법 다운로드가 성행하던 MP3의 유료 다운로드화에 기여한 공을 내세우며 많은 수익금을 챙기고 있다. 음반 제작이 중심이던 음악 산업은 현재 음악 가공업과 온라인 판매업 쪽으로 중심이 옮겨지고 있다. 이러한 여러 과정을 거치면서 음악 산업은 지금과는 다른 새로운 형태로 자리 잡고 있다.

1) 음악의 디지털화

디지털은 0과 1로 모든 정보를 표시하는 방법이다. 디지털은 일반적으로 컴퓨터, CD, DVD를 통하여 데이터가 저장되고 사용되는 형식에 적용된다. 한편 음악 산업에서 아날로그 형식을 지칭할 때는 비닐 레코드에 저장되거나 사용되는 정보 양태를 가리킨다. 따라서 디지털 콘텐츠는 디지털로 표현되고 저장되는 모든 데이터 형식을 의미한다.

디지털 방식으로 만들어진 MP3와 같은 새로운 음악 코덱 Codec 프로그램은 음질의 저하 없이 본래의 CD 음질을 그대로 구현할 수 있게 해주었다. 또한 디지털을 매개로 한 각종 이동형 음악 재생 플레이어와 컴퓨터의 컨버전스 추세는 음악 파일 간의 공유와 호환성을 점점 증대시키고 있다. 즉, 디지털에 기반한 MP3 형식은 다양한 이동형 오디오 플레이어를 생산하는 전자기기 업체가 제품을 만드는 데 용이하도록 하고 있다.

2) 고속 인터넷 통신망broadband의 보급

음악을 온라인에서 내려받고 익명의 사람들과 인터넷상에서 파일을 공유하기 위해서는 개인 컴퓨터와 빠른 인터넷 연결이 필수적이다. 1990년대 후반부터 경제협력개발기구Organization for Economic Cooperation and Development: OECD 가입국의 경우 대다수의 국민이 컴퓨터를 접할 수 있게 되었고, 아울러 많은 가정에서 인터넷을 이용할 수 있게 되었다. 고속 인터넷 통신망 연결은 파일 공유와 파일을 다운로드하는 데에 매우 중요한 선결과제였다.

1999년에 들어서면서부터 전 세계적으로 고속 인터넷 통신망 가입자 수가 점차 증가하기 시작했다. 2003년 초반에 이르러서는 미국의 인터넷 가입자 수가 2,000만 명에 이르렀다. 2004년 2월에는 미국인의 40%가 인터넷에 접속했으며, 이것은 다수의 사람이 온라인 뮤직 서비스를 이용할 수 있게 되었다는 것을 의미했다. 음악 팬의 상당수가 인터넷을 통하여 음악을 내려받는다는 사실에 흥미를 보였고, 이것은 인터넷이 팝송 팬들에게 기존 음반뿐만 아니라 신보를 접할 수 있는 중요한 채널이 되었다는 것을 의미했다.

또한 휴대전화와 모바일 브로드밴드의 전 세계적 보급은 이동통신 기기에 특화된 상품을 만들어내기에 이르렀다. 벨소리는 휴대전화 시장에서 최초로 대중화된 음악 상품이다. 현재는 단순한 벨소리에서 탈피한, 원곡의 음질에 가까운 벨소리를 내려받을 수 있다. 3세대 이동통신 기술은 좀 더 진보된 음악 서비스를 가능하게 했다. 소비자는 짧은 시간 내에 어떤 가수의 앨범이나 자신이 원하는 음악을 검색, 구매할 수 있게 된 것이다. 3G 네트워크가 발달한 일본이나 한국에서 이러한 모바일 음악 서비스가 발달한 것은 우연이 아니다. 반면 상대적으로 유럽이나 미국은 그 발달 속도가 더딘 편이다(국제음반산업협회, 2007).

3) P2P Peer-to-Peer 네트워크와 파일 공유 기술

P2P 네트워크란 중앙 집중화된 허브형 네트워크 없이 개인 간 직접 연결이 가능한 커뮤니케이션 구조를 뜻한다. 인터넷 사용자들은 이 네트워크를 이용하여 정보를 공유하고 파일을 주고받을 수 있다. 기술적인 면에서 P2P는 특별한 파일 공유 프로토콜을 통해서 인터넷망을 기반으로 각 컴퓨터를 연결한다.

P2P 파일 공유의 본래 목적은 효율적이고 경제적인 방법으로 파일을 이동시키는 것이었고, 이는 합법적인 수단으로 시작되었다. 즉, P2P 기술은 정보 공유에 관한 새롭고 혁신적인 방식의

기술적 진보였다. P2P 네트워크가 성공을 거둘 수 있었던 주요한 요인은 사용자 참여에 있었다. 어떤 P2P 네트워크에 어느 정도의 참여자critical mass가 존재하게 되면, 그 네트워크의 P2P 사용자들은 그들이 원하는 디지털 음악 파일을 쉽게 찾고 다운할 수 있게 된다. 그러나 P2P 네트워크의 역기능 또한 존재한다. P2P 네트워크가 각종 디지털 저작권을 침해하는 용도로, 그리고 악성 소프트웨어를 유통시키는 통로로 악용된다는 점이다 (Kusek and Leonhard, 2005; OECD, 2009).

파일 공유 기술의 원리는 매우 간단하다. 인터넷 사용자는 검색 프로그램을 작동시켜 자신이 듣고자 하는 음악 파일을 찾는다. 보통 가수의 이름이나 노래 제목을 검색창에 입력하면 된다. 그러면 그 검색 도구는 다른 컴퓨터와 연결된 파일 교환 네트워크를 검색하여 결과를 보여준다. 사용자는 다른 사용자의 컴퓨터로부터 파일을 다운로드할 수 있으며, 대부분의 파일 검색 프로그램은 파일이 제대로 전송되지 않거나 깨진 경우 이어받기 기능을 제공하고 있다. 파일 공유는 이와 같은 파일 다운로드뿐 아니라 업로드도 가능하다. 또한 사용자들은 CD 음반의 음악을 디지털 방식의 MP3 파일로 변환시킬 수도 있게 되었다.

세계 모바일 인터넷 및 앱app: 응용 소프트웨어 이용 구성을 살펴보면 비디오 스트리밍 서비스 이용이 39%로 가장 큰 비중을 차지하고 있으며, 그 뒤를 이어 파일 공유 서비스가 29%, 웹브라

〈그림 3〉 세계 모바일 인터넷 및 앱 이용 구성별 성장률 · 분포도

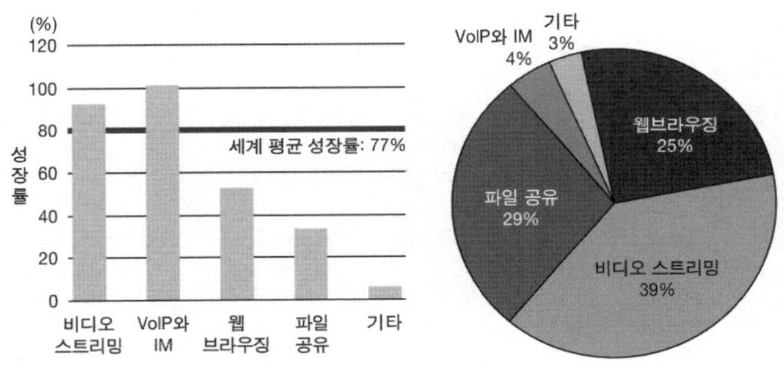

자료: 소셜타임즈(2011).

우징 이용이 25%, VoIP와 IM이 4%, 그 외 앱 이용이 3%인 것으로 나타났다(〈그림 3〉). 각 구성 요소들의 성장세를 살펴보면, VoIPVoice over Internet Protocol, 인터넷 전화와 IMInstant Message, 인스턴트 메시지의 성장세가 100%에 육박하는 것으로 나타나 매우 큰 폭으로 성장하고 있는 것을 알 수 있다. 이는 스마트폰의 이용자가 늘어나면서 SNSSocial Network Service, 소셜 네트워크 서비스 사용이 전 세계적으로 증가했음을 보여준다. 그 뒤를 이어 비디오 스트리밍 서비스의 이용 성장률이 90%를 넘은 것으로 나타났는데, 이는 유튜브YouTube와 같은 동영상 서비스를 모바일 기기를 통하여 이용하는 사용자와 이용량의 규모가 커졌음을 시사한다.

4) 음악의 소셜화

CD와 같은 음반의 판매 규모는 점차 줄어드는 반면, 음원 이용을 위한 온라인 가입 서비스의 매출은 크게 성장하고 있다. 이러한 가입형 음악 서비스 시장은 현재 온라인 음악 판매량 중 8%에 머물러 있지만 점차 증가할 것으로 예상된다. 특히 스마트폰과 태블릿 PC를 비롯한 휴대용 미디어의 보급으로 온라인 음악 시장은 더욱 성장할 것으로 보인다(정보통신산업진흥원, 2011).

온라인 음악 시장이 성장해나가는 과정에서 소셜 미디어를 통한 음악 시장이 형성되어 음악의 소셜화 양상이 나타나고 있다. 최근 소셜 네트워크 서비스 웹사이트인 페이스북facebook 이용자들 사이에서는 스포티파이Spotify, 랩소디Rhapsody 등 온라인 음악 서비스 업체가 제공하는 앱이 큰 인기를 끌었다. 2011년 9월 22일에 열린 페이스북 개발자 회의에서 '오픈 그래프'를 기반

〈표 1〉 전 세계 온라인 음악 서비스 산업 유형별 매출 전망

(단위: 백만 달러)

서비스 유형	2011년	2012년	2015년
가입형 서비스	532.1	808.9	2,218.4
다운로드 서비스	3,629.8	3,847.4	4,050.3
개인화 서비스	2,172.8	2,142.2	1,460.9
전체	6,334.7	6,797.6	7,729.6

자료: 정보통신산업진흥원(2011: 36)에서 재인용.

으로 자신이 감상하는 음악을 친구들과 공유할 수 있는 음악 공유 서비스가 소개되었는데, 이 서비스는 개시 이후 6주 동안 15억 건 이상의 공유 횟수를 기록했다. 오픈 그래프 서비스를 이용하면 자신이 듣고 있는 음악이 다른 친구들에게 실시간으로 노출되고, 새롭게 도입된 티커ticker를 이용하면 친구들이 듣는 음악을 실시간으로 알 수 있다(정보통신산업진흥원, 2011).

페이스북은 이용자들이 사이트를 이용하는 시간을 최대한 확보하여 광고 노출 빈도를 높이고, 서비스 및 상품 판매를 통하여 수익을 확보하는 것을 목표로 하고 있다. 따라서 페이스북은 게임과 음악 등 이용자들을 끌어들일 수 있는 콘텐츠를 제공하는 업체들과 제휴를 맺고 이용자들에게 서비스를 제공하고자 했다. 이러한 페이스북의 지향점과 온라인 음악 서비스 업체의 이용자 수 증가를 위한 마케팅 전략이 맞물려 소셜 음악이라는 새로운 비즈니스 모델이 창출되었다.

이용자들은 페이스북을 통하여 감상한 음악을 공유함으로써 다양한 장르의 음악을 쉽게 접할 수 있게 되며, 이는 음악 앱 제공 업체에게도 이익이 될 것으로 보인다. 그 예로 유럽에서 시작된 스포티파이는 페이스북과의 제휴 이후 6주 동안 400만 명의 신규 회원을 확보했다. 이는 기존의 온라인 음악 서비스의 강자였던 애플의 아성에 도전하는 것으로 기대를 모으고 있다. 구글Google 또한 페이스북과 마찬가지로 소셜 음악 서비스를 추진하고 있다. 구글은 구글 플러스Google Plus를 통해서 친구들에게 음악을 추천하거나 친구들로부터 음악을 추천받아서 무료로 들어보고 구매할 수 있도록 하고 있다. 이제 온라인 음악 감상은 자신의 취향에서 비롯되던 '개인적 감상'에서, 사회적 관계를 형성하고 있는 여러 사람들과의 공유를 통하여 다양한 음악을 듣는 '사회적 감상'으로 변화하게 된 것이다.

2. 음악 산업의 구조적 변화

1) 유통 시장의 변화

1990년대에 접어들면서 밀리언셀러 음반이 쏟아져 나오며 큰 성장세를 보이던 국내의 음반 산업은 2000년을 기점으로 급격하게 쇠퇴하고 있다. 2000년에 4,104억 원에 이르던 음반 산업 시장의 규모는 2005년에 1,087억 원의 수준으로 급감하여, 6년 사이에 약 73.5%가 감소되었다(한국콘텐츠진흥원, 2006). 국내 경기의 불황도 그 이유가 되겠지만, 가장 큰 원인은 MP3의 등장이었다. 소리바다와 벅스뮤직과 같은 음악 사이트에서 P2P를 통한 무료 다운로드가 가능해지면서, 소비자들은 CD를 사는 행위를 멈추고 MP3로 음악을 다운로드하는 행위에 익숙해졌다. 작은 기계에 많은 음악을 담을 수 있으며 이동성이 높다는 장점으로 인하여 MP3는 빠른 속도로 확산되었다.

한편, SK텔레콤의 멜론을 비롯한 이동통신 회사의 온라인 음악 판매는 무료 다운로드를 유료화하는 데 큰 역할을 담당했다. SK텔레콤은 2005년 YBM 서울음반을 인수함으로써 다양한 음원을 안정적으로 확보하고, 안정적인 시스템과 마케팅 능력 등을 통하여 높은 신뢰도를 얻었다(유필화 외, 2006). 특히 스트리밍과 다운로드, 뮤직비디오 제공뿐 아니라, 벨소리나 통화연결음과 같은 폰 꾸미기 서비스 제공을 통하여 멜론은 2004년 오픈한 이래 빠른 속도로 인지도를 높였다. 이에 따라 디지털 음악 시장은 실물 시장과는 달리 2001년에 911억 원에서 2005년에는 2,621억 원으로 매출이 크게 늘어났다.

온라인과 오프라인의 음악 시장 규모를 합하여 생각하면, 2000년의 수준과 비슷하게 회복되었다고도 볼 수 있다. 더욱이 7,000억 원대로 추산되는 불법 음원 시장을 고려한다면, 음악 시장의 전체 규모가 대단한 성장세를 보이고 있다는 판단이 들기도 한다. 그러나 실상은 그렇지 못하다. 온라인에서 이루어지고 있는 음악의 소비 형태는 음반을 사서 듣는 종래의 음악 감상과 많이 다르다. 2,621억 원의 매출 중 벨소리와 통화연결음의 매출이 2,251억 원에 달하며, 음악 다운로드나 스트리밍 매출은 370억 원에 그치고 있다. 특히 매년 200%의 성장률을 보이던 모바일 음원 시장은 2004년부터 그 성장 속도가 완화되고 있다.

벨소리 및 통화연결음 서비스가 어느 정도 포화 상태에 이르렀다는 판단이다(김성근, 2007).

2009년의 모바일 산업은 세계적으로 약 30억 명의 서비스 가입자와 4G 테크놀로지 서비스 도입을 기반으로 한 전도유망한 분야가 되었다. 기존의 모바일 산업은 이메일, 인스턴트 메시지와 같은 커뮤니케이션 서비스와 통화음, 통화연결음, 음악 파일 등 다운로드 서비스, 검색, 모바일 텔레비전, 모바일 게임 등 그 업종이 다양하게 구성되어 있다. 하지만 모바일 음악 서비스업 매출액은 2007년부터 점차 줄어들고 있는 추세를 보였다(한국콘텐츠진흥원, 2011). 이는 모바일 서비스 이용자가 이미 포화 상태에 이른 탓으로 추정되며, 2010년에 들어서면서 스마트폰 보급률이 올라감에 따라 다시 성장세를 보일 것으로 예상되었다.

2009년 국내 음악 산업 전체 매출액은 2조 7,407억 원으로 2007년 2조 3,577억 원, 2008년 2조 6,020억 원에 이어 매년 꾸준히 증가해왔다. 분류별 매출액을 보면 노래연습장 운영업이 1조 3,399억 원(48.9%)으로 가장 큰 비중을 차지했고, 온라인 음악 유통업이 5,696억 원(20.8%)으로 그 뒤를 이었다. 또한 음악 제작업이 3,603억 원(13.1%), 음악 공연업이 2,576억 원(9.4%), 음반 도소매업이 1,200억 원(4.4%), 음반 복제 및 배급업이 830억 원(3.0%)이었으며, 음악 및 오디오물 출판업이 101억 원(0.4%)으로 가장 낮게 나타났다. 연도별로 살펴보면 온라인 음악

〈표 2〉 음악 산업 소분류별 매출액 현황

<table>
<tr><th rowspan="2">중분류</th><th rowspan="2" colspan="2">소분류</th><th colspan="3">매출액(100만 원)</th><th rowspan="2">비중 (%)</th><th rowspan="2">전년 대비 증감률 (%)</th><th rowspan="2">연평균 증감률 (%)</th></tr>
<tr><th>2007년</th><th>2008년</th><th>2009년</th></tr>
<tr><td rowspan="4">음악 제작업</td><td rowspan="2">음악 기획 및 제작</td><td>음반 및 음원</td><td>76,270</td><td>80,231</td><td>73,528</td><td>2.7</td><td>-8.4</td><td>-1.8</td></tr>
<tr><td>음반 외 수익</td><td>186,729</td><td>201,611</td><td>254,459</td><td>9.3</td><td>26.2</td><td>16.7</td></tr>
<tr><td colspan="2">음반(음원) 녹음시설 운영업*</td><td>130,195</td><td>39,246</td><td>32,342</td><td>1.1</td><td>-17.6</td><td>-50.2</td></tr>
<tr><td colspan="2">소계</td><td>393,194</td><td>321,088</td><td>360,329</td><td>13.1</td><td>12.2</td><td>-4.3</td></tr>
<tr><td rowspan="3">음악 및 오디오물 출판업</td><td colspan="2">음악 오디오물 출판업</td><td>-</td><td>10,898</td><td>9,424</td><td>0.4</td><td>-13.5</td><td>-</td></tr>
<tr><td colspan="2">기타 오디오물 제작업</td><td>-</td><td>608</td><td>676</td><td>0.0</td><td>11.2</td><td>-</td></tr>
<tr><td colspan="2">소계</td><td>-</td><td>11,506</td><td>10,100</td><td>0.4</td><td>-12.2</td><td>-</td></tr>
<tr><td rowspan="3">음반 복제 및 배급업</td><td colspan="2">음반 복제업</td><td>-</td><td>42,348</td><td>38,321</td><td>1.4</td><td>-9.5</td><td>-</td></tr>
<tr><td colspan="2">음반 배급업**</td><td>-</td><td>52,742</td><td>44,705</td><td>1.6</td><td>-15.2</td><td>-</td></tr>
<tr><td colspan="2">소계</td><td>-</td><td>95,090</td><td>83,026</td><td>3.0</td><td>-12.7</td><td>-</td></tr>
<tr><td rowspan="4">음반 도소매업</td><td colspan="2">음반 도매업</td><td rowspan="2">138,177</td><td rowspan="2">103,195</td><td>36,655</td><td>1.3</td><td rowspan="2">-3.3</td><td rowspan="2">-15.0</td></tr>
<tr><td colspan="2">음반 소매업</td><td>63,117</td><td>2.3</td></tr>
<tr><td colspan="2">인터넷 음반 소매업***</td><td>13,917</td><td>16,634</td><td>20,267</td><td>0.8</td><td>21.8</td><td>20.7</td></tr>
<tr><td colspan="2">소계</td><td>152,094</td><td>119,829</td><td>120,039</td><td>4.4</td><td>0.2</td><td>-11.2</td></tr>
<tr><td rowspan="5">온라인 음악 유통업</td><td colspan="2">모바일 음악서비스업</td><td>103,170</td><td>87,650</td><td>76,502</td><td>2.8</td><td>-12.7</td><td>-13.9</td></tr>
<tr><td colspan="2">인터넷 음악서비스업</td><td>166,756</td><td>253,082</td><td>359,969</td><td>13.1</td><td>42.2</td><td>46.9</td></tr>
<tr><td colspan="2">음원 대리 중개업</td><td>18,519</td><td>39,671</td><td>60,331</td><td>2.2</td><td>52.1</td><td>80.5</td></tr>
<tr><td colspan="2">인터넷/모바일 음악 콘텐츠 제작 및 제공업(CP)</td><td>139,204</td><td>146,042</td><td>72,799</td><td>2.7</td><td>-50.2</td><td>-27.7</td></tr>
<tr><td colspan="2">소계</td><td>427,649</td><td>526,445</td><td>569,601</td><td>20.8</td><td>8.2</td><td>15.4</td></tr>
<tr><td rowspan="2">음악 공연업</td><td colspan="2">공연 기획 및 제작업</td><td>198,853</td><td>213,851</td><td>224,359</td><td>8.2</td><td>4.9</td><td>6.2</td></tr>
<tr><td colspan="2">기타 음악 공연 서비스업</td><td>24,744</td><td>27,801</td><td>33,303</td><td>1.2</td><td>19.8</td><td>16.0</td></tr>
</table>

	(티켓 발매 등)						
	소계	223,597	241,652	257,662	9.4	6.6	7.3
중합계****		1,196,534	1,315,610	1,400,757	51.1	6.5	8.2
노래 연습장 운영업	노래연습장 운영업	1,161,171	1,286,466	1,339,996	48.9	4.2	7.4
음악 산업 합계		2,357,705	2,602,076	2,740,753	100.0	5.3	7.8

* 2008년 기준 조사에서는 음반(음원) 녹음 시설 운영업과 복제업이 분리되어 2006년과 2007년의 직접 비교에는 무리가 있음.

** 2008년 기준 조사에서는 음반 도소매업에서 배급업이 분리됨.

*** 사이버 쇼핑몰 통계 조사 자료 인용(통계청).

**** 2006년, 2007년 매출액은 음반 매출과(음악 관련) 매출액 및 음악 공연 매출액 포함.

자료: 한국콘텐츠진흥원(2010b: 203).

유통업과 음악 공연업은 2007년부터 2009년에 이르기까지 꾸준히 증가했다. 반면 음반 도소매업과 음악 오디오물 출판업과 음반 배급 및 복제업은 각각 전년 대비 감소했다.

2009년의 음악 산업에서 음반 외 수익과 기타 오디오물 제작업, 인터넷 음악 소매업과 인터넷 음악 서비스업, 음원 대리 중개업, 음악 공연업은 매출액이 증가한 반면 음반 산업은 지속적으로 감소세를 보였다. 음반 산업의 지속적인 불황으로 인하여 음반 제작사들은 정규 앨범 발매 대신 제작비가 적은 미니 앨범이나 디지털 싱글 발매를 선호하고 있다. 즉, 음반 산업의 매출액이 감소하는 반면, 온라인 음악 유통업은 규모가 지속적으로 증가하는 추세를 보이고 있다. 앞서 언급한 바와 같이 2007년 이후 온라인 음악 유통업은 이용자의 증가세가 주춤하면서 이미 포화 상태에 이르렀다는 평가를 받았지만, 2010년 이후 스마트폰과 태블릿 PC 같은 모바일 기기 이용자들이 급증하면서 온라인 음악 유통업은 증가할 것으로 예상되고 있다.

2) 생산 시장의 변화

2011년 현재 한국의 대중음악 시장은 막대한 자본과 전문적인 스타 양성 시스템을 바탕으로 한 거대 엔터테인먼트 사들의 영향력 아래에 있다. 국내 대중음악 시장이 이러한 구조를 갖게 된 것은 1990년대 이후의 일이다.

한국의 대중음악은 각 시기에 따라 변화를 주도하는 몇몇 주체에 따라 변모해왔다. 1960년대에는 트로트, 1970년대에는 포크, 1980년대에는 발라드와 록, 1990년대에는 댄스와 힙합이 변화를 주도했다. 특히 1990년대 서태지라는 아이돌 가수의 등장 이후, 국내 대중음악의 주 소비층은 10대 청소년 중심으로 빠르게 재편되었다. 이때부터 청소년을 소비층으로 겨냥한 댄스곡과 댄스 가수 및 그룹의 수가 폭발적으로 증가했으며, 이러한 배경에는 본격적으로 엔터테인먼트 산업을 육성하려는 대형 연예기획사들의 구조적 뒷받침이 존재했다.

국내 음악 산업의 구조는 1980년대부터 줄곧 기획사와 음반사가 음반을 기획·제작·생산하는 제작의 이원성이라는 특성을 가지고 있었다. 기획사는 주로 가수를 발굴하고 이들의 음반을 기획하는 역할을 했으며, 음반 제작은 음반사의 몫이었다. 따라서 기획사는 자사에 소속된 가수가 성공할 경우 투자 대비 높은 이윤을 올릴 수 있는 반면, 특정 가수들의 인기도에 편중하는 불안정한 수익 구조에 놓여 있었다. 한편 음반사는 높은 투자 비용에 비하여 이윤은 낮은 편이지만, 비교적 안정적으로 매출을 보장받아 음반을 제작할 수 있는 여건을 갖추고 있었다(안석준, 2005).

음악 산업의 디지털화 이후 나타난 눈에 띄는 생산 구조의 변화 중 하나는 막대한 제작 비용에 따른 위험 부담을 최소화하기 위하여 제작비를 절감하는 생산 방식을 취하고 있다는 것이다. 과거에는 하나의 앨범에서 한 곡만 히트를 해도 그 음반의 판매량이 증가해서 앨범 제작비와 유통 비용을 쉽게 회수할 수 있었지만, 디지털 음원 시장에서는 곡마다 개별적으로 판매하기 때문에 전체 제작 비용을 회수하기가 어려워졌다. 따라서 위험 부담을 줄이기 위하여 여러 곡이 수록된 앨범으로 발매되던 음반 대신 한두 곡만 실은 싱글 앨범으로 발매되기 시작했으며, 그나마 제작 비용이 적은 디지털 음원 형태가 주류를 이루었다.

대형 연예기획사들이 등장하면서 변화된 생산 시장 구조는 긍정적인 측면과 더불어 부정적인 측면도 동시에 드러내고 있다. 먼저 긍정적인 측면으로는 대형 연예기획사의 자본과 노하우를 바탕으로 한 스타 제작 시스템의 성공을 들 수 있다. 다년간 축적된 인재 발굴 및 양성 노하우, 최첨단 음악 제작 시스템을 갖춘 기획사를 통해서 세계적으로도 손색없는 최고의 음악들이 나오게 된 것이다. 특히 정보와 비용의 부족으로 일부 가수들의 재외 교포를 대상으로 한 공연이나 음반 제작에 머물러 있던 해외 진출의 기회가 많아졌다. 국내 대형 기획사와 현지 기획사의 제휴를 통해서 전문적인 음악 활동이 가능해짐에 따라 양적으로는 물론 질적으로도 성장할 수 있었다.

대형 연예기획사들은 해외에서 활동하는 작곡가들을 영입해서 수준 높은 음악 콘텐츠를 제작하는 데에도 기여하고 있다. 현재 인기를 얻고 있는 작곡가들은 대부분 미국 팝에 대한 음악적 기반을 가지고 있다. 이러한 이국적 음악성을 바탕으로 낯설면서도 친근한 음악을 제작하여 국내외적으로 어필할 수 있는 음악이 탄생하게 된 것이다. K-POP이 세계적인 음악으로 인정받게 된 요인 중 하나로 미국 팝에 대한 경험이 많은 실력파 재외교포 및 유학생들이 작곡가, 프로듀서, 그룹 멤버 등으로 참여하는 경우가 많아지면서 음악의 질적 수준이 높아진 것을 들기도 한다(정태수, 2010).

그러나 대형 기획사 위주의 음악 산업 재편에는 어두운 면이 존재한다. 대중음악계에는 10대 위주의 스타 시스템 제도가 더욱 공고히 자리 잡게 되었고, 음반 회사들과 미디어도 10대를 팬으로 확보하기 위한 음악 생산에 주력하게 되었다. 이처럼 기획 및 제작의 생산 구조가 아이돌 스타를 양산하는 체제로 탈바꿈한 이후, 이를 우려하는 목소리가 여기저기서 들려오고 있다. 특히 시대를 뛰어넘어 오랫동안 인정받았던 기존 음악인들의 활동을 보기 어려워졌고, 대형 연예기획사들이 배출하는 스타성 신인 가수들의 음악 및 방송 활동만 남게 되었다는 것이다. 음악 산업 측면에서도 다양한 음악이 생산되기보다는 아이돌 그룹의 댄스곡 위주로 장르의 편중이 심화되었다. 또한 소속사와의 전속 계약 및 수익 구조의 취약점으로 인하여 가수들이 음악 활동보다 연예방송 활동에 치중하는 현상도 나타나고 있다.

이와 같이 대형 기획사들이 과점 형태로 음악 산업 전체를 지배하고 있는 상황에서, 기획사를 통하지 않고도 음악을 제작하고 유통할 수 있는 길이 생겼다. 디지털 기술의 발달이 음악 제작 및 유통 산업의 진입 장벽을 없앤 것이다. 이제는 누구나 웹캠과 PC만 있으면 자신의 음악적 재능을 발휘할 수 있는 기회를 얻게 되었다. 자신의 음악적 재능을 알릴 방법으로 동영상 업로드가 이용되기 시작하면서 유튜브는 전 세계적인 음악인 배출 시스템이 되었다. 음악 산업에서 유튜브와 같은 동영상 공유 사이트의 영향력은 광범위하면서도 매우 강력하다. 이전에는 아무리 재능이 뛰어나도 음반 제작사의 눈에 띄지 못하면 재능을 발휘할 기회조차 얻지 못하는 경우가 많았다. 오늘날 동영상 공유 사이트는 문화와 국경을 넘어 세계적으로 음악을 알려주며, 다양한 팬층을 확보할 수 있게 하는 신인 음악가의 데뷔 무대로 통하고 있다(정태수, 2010).

신인 가수 데뷔는 과거에는 우연히 음악 제작사의 신인 발굴 담당자 눈에 띄어 데뷔하게 되는 소위 '길거리 캐스팅'이 대부분이었다. 그러나 이제는 가수가 되고 싶어서 기획사 오디션에 지원하려는 청소년들이 급증하여, 기획사의 오디션이 가장 보편적인 통로가 되었다. SM엔터테인먼트는 매주 토요일에 공개 오디션을 실시하고 있으며, YG엔터테인먼트는 우편 접수를 통하여 데모 영상을 받아 비정기적으로 가수 지망생을 뽑고 있다. 또한 JYP엔터테인먼트는 매월 두 차례씩 공개 오디션을 치르고 있을 뿐만 아니라 우편, 이메일, 해외 접수를 실시하여 평균 수백 대 1의 경쟁률을 통하여 가수 지망생을 선발하고 있다. 이 같은 치열한 오디션을 통과하더라도 수년간의 연습생 기간 동안 철저한 트레이닝 과정을 거친 후에야 가수 데뷔가 가능하다(정태수, 2010).

2010년 이후 음악 산업에서는 텔레비전 프로그램과 결합된 새로운 형태의 가수 발굴 방식이 주목을 받고 있다. 음악 전문 케이블 채널인 Mnet에서 방송된 〈슈퍼스타K〉라는 오디션 프로그램이 인기를 끌면서, 이와 비슷한 서바이벌 형식의 리얼리티 오디션 프로그램들이 각 방송사마다 등장한 것이다. 〈슈퍼스타K〉의 성공 이후 MBC의 〈위대한 탄생〉, KBS의 〈TOP 밴드〉, tvN의 〈코리아 갓 탤런트〉, SBS의 〈K-POP 스타〉 등 일반인 또는 아마추어 음악가를 대상으로 스타 탄생의 기회를 제공하는 각종 오디션 프로그램들이 제작되었다.

그중 〈슈퍼스타K〉는 2009년부터 시작되었으며, 매년 뜨거운 호응을 얻으며 참가자의 수가 증가해서 2010년에는 134만 6,000 대 1, 2011년에는 무려 196만 7,000 대 1의 경쟁률을 기록했다(슈퍼스타K, 2011). 〈슈퍼스타K〉에 참가하는 가수 지망생 중에는 자작곡으로 오디션에 참가하는 경우도 있어서 자신의 음악을 알릴 수 있는 기회의 장을 제공하기도 한다. 또한 최종 우승자를 선발하는 과정에서 다양한 음악을 소화해야 하는 미션이 주어지는데, 참가자들은 미션 수행을 위해서 기존의 노래들을 자신에게 맞도록 편곡하여 새로운 음악으로 재탄생시키는 작업을 거치게 된다. 이렇게 만들어진 참가자들의 노래 음원은 디지털 음원 시장에서 대부분 상위권을 차지했다.

이 같은 서바이벌 오디션 프로그램의 우승자를 비롯하여 상위권에 속한 참가자 대부분은 소속사와 계약을 맺거나 음반을 제작하여 가수로 활동하게 된다. 서바이벌 오디션 프로그램이 가수 및 신인 작곡가를 발굴하는 통로 역할을 하는 것이다. 또한 편곡과 무대 연출을 통하여 기존의 콘텐츠를 재해석해 새로운 음악을 생산하는 기능도 수행하고 있다.

2011년에는 MBC의 '나는 가수다'와 KBS의 '불후의 명곡'과 같이 기존의 가수들이 선배 가수 또는 동료 가수들의 노래를 부르는 프로그램 코너가 등장하여 큰 인기를 모았다. 매주 경연 형식을 통하여 여러 가수가 노래를 부르는데, 원곡을 그대로 부르는 것이 아니라 현재 트렌드에 맞게, 또는 자신의 개성에 맞게 재창조해서 부르는 것이 프로그램의 특성이다. 이는 전문 음악가들, 특히 작곡과 편곡에 뛰어난 음악가들에게 자신의 음악적 역량을 발휘할 수 있는 기회를 제공하고 있다.

그런가 하면 MBC 〈무한도전〉은 예능 프로그램이지만 가요제 또는 콘서트의 형식으로 음악을 창조해내는 데 성공한 예로 들 수 있다. 이 프로그램의 출연자들은 2011년 7월의 '서해안 고속도로 가요제'와 같은 해 12월의 '나름 가수다'라는 코너를 통해서 가수 또는 작곡가와 함께 노래를 만들어 공연을 펼쳤다. 이는 시청자들에게 수준 높은 음악을 선사했고, 이후 음원 판매에서도 상위권을 기록했다.

이처럼 오늘날 음악 산업의 생산 구조는 기획사와 음반 제작사 중심의 획일화된 구조에서 벗어나 대형 연예기획사들의 신인 가수 발굴 및 스타 양성 시스템, 간단한 제작 장비만으로도 누구나 음악을 제작하고 세계 여러 나라 사람들과 함께 즐길 수 있는 동영상 공유 사이트, 가수의 꿈을 이루어주는 서바이벌 오디션 프로그램, 음악 전문 프로그램 못지않게 다양한 음악을 선보이는 예능 프로그램 등을 통해서 음악이 만들어지는 등 생산 방식과 경로가 다각적으로 발전했다.

3) 소비자 시장의 변화

김휴종(1997)은 음반의 상품적 특성을 문화 상품으로서의 특성, 부분적 공공재로서의 특성, 경험재로서의 특성으로 분류했다. 문화 상품으로서의 음반은 소비의 비반복성을 지니는데, 이는 한 번 산 음반을 다시 사는 사람은 거의 없다는 의미다. 또한 음반은 경험해보기 전에는 그 특성을 분별할 수 없으므로 소비자들은 방송이나 과거의 소비 경험이라는 간접적 경험에 의하여 상품을 선택한다.

인터넷 매체가 등장하기 이전에 대중의 음악 감상 경로는 텔레비전이나 라디오의 음악 프로그램, 그리고 음반 구입이었다. 즉, 매우 일방적인 정보 제공을 통하여 음반의 구매를 결정할 수 있었다. 음악 프로그램의 경우 정해진 시간에 텔레비전이나 라디오가 있는 장소에 있어야만 프로그램 시청이 가능했다. 라디오는 자동차 안이나 포터블 라디오 등으로 이동하면서 청취가 가능하지만, 프로그램 제작자가 지정해주는 음악만을 들을 수 있었다.

소리바다나 벅스뮤직 등 음악 파일 공유 사이트의 등장은 이러한 일방적인 정보 제공에 엄청난 변화를 초래했다. 사람들은 스스로 원하는 시간에 원하는 음악을 선별적으로, 그것도 무상으로 듣고 소유할 수 있게 된 것이다. 텔레비전과 라디오는 이와 같은 변화에 따라 '다시 보기'와 '다시 듣기' 서비스를 인터넷으로 제공하게 되었다. 즉, 텔레비전과 라디오의 음악 프로그램 역시 원하는 시간과 장소에서 텔레비전과 라디오 없이 시청·청취가 가능하게 된 것이다. 특히 음악 사이트의 스트리밍 서비스는 라디오가 지니고 있던 음악 제공 기능을 완전히 불필요한 것으로 만들었다. 현재의 라디오는 음악 감상보다는 출연자들과의 대화 혹은 청취자의 사연 소개에 치중하고 있으며, 인터넷을 통하여 '듣는' 것뿐 아니라 '보는' 라디오로 진화했다.

한편 멜론과 같은 이동통신사의 음악 사이트는 또 하나의 큰 변화를 일으켰다. 벨소리와 통화연결음 등 모바일 음악을 창출해낸 것이다. 싸이월드로 대변되는 커뮤니티 웹사이트의 배경음악 서비스 또한 음악을 '감상용'에서 '자기표현용'으로 변화시키는 데 큰 역할을 담당했다. 멀티플렉스 영화관의 등장으로 인하여 크게 달라진 영화의 위상과 마찬가지로, 디지털 등장 이후의 음악 또한 그 의미 자체가 변화하고 있다고 할 수 있다.

이와 같이 경험재로서의 특성이 사라진 음악은 다른 특성에서도 변화를 일으켰다. 예전에 음반의 형태로만 음악을 구입할 수 있던 때에는 하나의 음반에 많은 곡을 수록하여 한꺼번에 판매할 수 있었다. 그러나 MP3를 통하여 음원 형태로 개별 구매가 가능해진 현재, 이러한 안이한 제작 방식은 위기 상황에 놓이게 되었다. 특히 MP3 플레이어와 스마트폰의 빠른 확산으로 인하여 CD의 판매 전망은 더욱 어두워졌다.

세계 음반 시장이 점차 성장세로 돌아선 반면, 한국만 유독 회복이 되지 않고 있는 이유는 세계 최고 수준의 디지털 기술과 더불어 주거와 생활환경에서 그 원인을 찾을 수 있다. 즉, 독립적인 주택보다는 아파트 같은 공동주택이 일반적이기 때문에 CD 플레이어로 음악을 크게 듣기보다는 이어폰을 이용하여 혼자 음악을 감상하는 방법이 더 유용하다. 그리고 음악 소비의 주체인 10대는 집에서 음악 감상을 할 수 있는 시간이 별로 없다. 따라서 주로 학교와 집을 오가는 사이 혹은 학교의 쉬는 시간 등 짧은 여가 시간에 이동하며 이용할 수 있는 MP3가 더 효과적일 수밖에 없다.

김소영과 곽영식(2006)은 온라인과 오프라인 음악 소비자를 세분화하는 연구를 통하여 소비자층을 '오프라인 빌보드족', '온라인 다운로드족', '음악 무관심족', '음악 대식가족'의 네 그룹으로 분류했다. 이들의 연구에 따르면, 19%에 달하는 '음악 대식가족'은 대개 20대 중반의 학생이나 사무직·전문직 종사자로 온라인과 오프라인에서 활발히 음악을 구매한다. 34%에 해당하는

'오프라인 빌보드족'은 30대가 주축이며, 온라인 구매는 적은 반면 오프라인 구매가 많은 편이다. 20대 초반의 학생이 중심인 온라인 다운로드족은 대부분 온라인에서 무료로 음악을 구매하며, 오프라인에서의 구매는 거의 하지 않는다.

한편 김지연(2006)에 의하면, 음악을 구매하는 사람들은 1회 구매에 그치는 음악의 문화적 특성과는 달리 한 음악을 여러 번 구매하는 것으로 밝혀졌다. 즉, 좋아하는 가수의 음악을 소장하려는 욕구로 오프라인에서 CD를 사고, 언제 어디서든 음악을 감상하기 위하여 MP3도 구입한다. 그리고 휴대전화기의 벨소리와 통화연결음, 홈페이지의 배경음악까지 여러 번 구매한다.

요컨대 '음악 대식가족'에 해당하는 그룹은 음반과 공연 등 오프라인에서 음악을 소비하고, 또한 MP3와 휴대전화, 개인 홈페이지에서 이용할 음악을 각기 구매한다. 이 같은 결과는 김기윤(2004)의 연구에서도 확인할 수 있다. 벅스뮤직이나 소리바다 등 다운로드 사이트 이용자인 '순수음악사이트형', 싸이월드 등의 웹사이트 배경음악을 구매하는 '블로그형', 그리고 이동통신사 전용 사이트 이용자인 '모바일 I형'의 소비자는 최소한 2개 이상 서로 다른 창구에서 동일한 음원을 소비한다. 결과적으로 2,600여 억 원에 달하는 온라인 음악 매출은 동일한 소비자의 중복 구매가 상당 부분 차지하고 있는 것으로 해석되며, 실제 구매자의 수는 그만큼 줄어든다.

김지연(2006)의 연구 결과 우려되는 부분은 20대 초반의 학생으로 이루어진 '온라인 다운로드족'이다. 이들이 앞으로 경제생활을 하게 되면 무료 다운로드에서 유료 다운로드로 이동할 가능성은 있지만, 문제는 오프라인에서 소비 활동이 거의 없다는 점이다. 이는 머지않은 시일 내에 CD가 사라질 것이라는 위기의식이 사실로 될 가능성이 높다는 것을 시사한다. 음반 제작자들의 자각과 빠른 대응이 절실하게 요구되는 부분이다.

이수범과 김지은(2009)의 연구에서도 청소년들은 유료 구매 MP3 음원의 약 2배를 무료로 다운로드하고 있다고 응답했다. 그럼에도 저작권 인식이 음악 콘텐츠 구매 의도에 긍정적인 영향을 미친다는 연구 결과가 나타났다. 따라서 저작권을 보호해야 하는 의무와 그에 따른 효과에 대한 청소년 교육이 실시된다면, 저작권 관련 인식이 성장할 뿐만 아니라 음악 시장 자체의 성장에도 도움이 될 수 있을 것이다.

4) 디지털 기술로 인한 음악 소비 행태의 변화

정보 디지털 기술의 등장은 소비자가 음악을 구할 수 있는 방식의 근본을 뒤흔들었다. 음악 파일을 내려받는 것은 오디오 스트리밍audio streaming 서비스와 더불어, 컴퓨터와 인터넷망을 이용하여 음악을 자신의 것으로 만들 수 있는 거의 유일한 방법이다. 애초에 인터넷을 통해서 음악을 다운로드하는 방법은 인터넷 속도가 느리고 자주 끊긴다는 단점 때문에 크게 각광받지 못했다. 더욱이 초기 MP3 음악 파일의 음질은 CD의 음질에 비하여 크게 떨어졌다. MP3 음악 파일을 다운로드하는 데에는 다음과 같은 기회비용이 든다.

첫째, 음악 파일을 찾고 다운로드하고 검사하는 데 시간이 든다. 또한 유명한 가수나 노래를 찾고 내려받는 것은 큰 문제가 없으나, 비주류 가수의 노래나 음반은 찾기 힘들거나 없을 수도 있다.

둘째, 에러가 있는 불완전한 압축 파일을 받을 수 있다. 즉, 다운로드한 음악 파일이 사용자의 기대에 미치지 못할 때가 있는데, 예를 들면 파일 이름이 바뀌었거나 음악 파일이 잘못 코딩된 경우다.

셋째, 인터넷 서비스 사업자Internet Service Provider: ISP에 의하여 매월 다운로드할 수 있는 용량이 정해진 경우가 있다. 컴캐스트Comcast사를 비롯한 대부분의 미국 인터넷 서비스 사업자들은 다른 나라에 비하여 다소 엄격한 다운로드 정액제를 실시하고 있다.

마지막으로 다운로드한 파일로 인하여 웜바이러스worm virus, 애드웨어adware, 스파이웨어spyware와 같은 컴퓨터 피해를 입을 수 있다. 특히 웜바이러스는 P2P 네트워크상에서 매우 흔하게 발견된다. 웜바이러스는 복제 기능을 가지고 있고, 감염된 컴퓨터의 속도를 느리게 한다. 또한 사용자의 의사와는 상관없이 불필요한 인터넷 광고를 보여주는 애드웨어나 사용자의 프라이버

시를 침해하는 스파이웨어가 저절로 설치될 수도 있다.

하지만 이러한 단점들에도 MP3 음악 파일의 음질 개선과 초고속 인터넷망의 보급, 그리고 자신이 원하는 음악을 손쉽게 검색하고 얻을 수 있다는 장점 때문에 파일 공유와 다운로드를 통한 음악 유통은 음악 저작권과 기존 음반 회사의 수익 구조에 커다란 악영향을 미치기 시작했다.

3. 디지털 정보기술 관련 이슈

현대 국가나 사회의 대부분이 채택하고 있는 경제 체계는 자본주의이다. 자본주의의 핵심은 시장과 사유재산 체계에 기반을 두고 있다는 점이다(Mosco, 2008). 시장과 사유재산권은 사람들이 어떠한 규범적 테두리 내에서 무엇을 할 수 있는지에 대한 법적 규제를 필요로 한다. 특히 저작권, 상표trademark, 특허와 같이 무형의 재산과 관련된 저작권법은 어떤 사람들의 고유한 정보 지식이나 생각이 타인에게 무단으로 도용되는 것을 막고 있다. 이러한 입장을 뒷받침하는 가장 큰 경제적인 이유는 많은 정신적 노력과 비용이 수반되는 창조적 활동을 장려하기 위해서다. 사회가 고도화됨에 따라 정보 상품에 대한 경제적 중요성도 점차 증가하고 있다. 즉, 컴퓨터 소프트웨어와 같은 정보 상품의 부가 가치와 수익 창출력이 눈부시게 성장하고 있는 것이다.

여기서 주목해야 할 점은 인터넷과 같은 정보통신 기술이 점점 더 널리 보급됨에 따라, 기존 자본주의 체계가 손쉽게 규제해 왔던 정보 상품에 관한 사유재산권 또는 저작권을 보호하기가 힘들어졌다는 것이다. 다시 말해 정보 기술이 전통적인 생산, 소비, 가치의 이용과 교환 구조의 근간을 뒤흔들고 있다. 음악뿐만 아니라 비디오 콘텐츠의 쉽고 자유로운 다운로드와 공유·복제는 기존의 사유재산권과 저작권, 음반 유통 시장 질서를 보호·유지하기 어렵게 하고 있다.

사유재산이 설정되기 전 누구나 이용 가능했던 공유지와 마찬가지로, 초기 사이버 세상 역시 종래의 공유지 개념과 비슷했다. 결국 새로운 정보통신 기술의 등장은 새로운 음반 시장의 통로, 즉 통행세를 받지 않는 온라인 공유지를 만들어낸 것이다. 이러한 온라인 공유지를 자본주의 체계 아래 편입시키기 위해서는 이 온라인 틀 안에서 시장과 사유재산권 체계를 만들어내야 한다. 종래의 공유지가 그저 울타리를 치는 단순한 방식으로 사유재산권을 인정받은 데 비하여, 온라인은 본래 무형의 자원으로 이루어져 있기 때문에 사유재산권을 설정하기가 더욱 어렵다는 문제가 존재한다. 기존 음반 회사의 고민은 여기에서 비롯되며, 반대로 신규 사업자의 음악 산업 진입은 기술적 진보로 말미암아 더욱 용이해졌다고 할 수 있다.

1) 전통 CD 방식의 음반 산업 규모의 축소

이전 매체에 비하여 확실히 뛰어난 음질을 보장했던 CD의 대중화로 1998~1999년에 놀랄 만한 음반 산업은 놀라울 정도로 성장했다. 2003년 확실한 대체재가 존재하지 않는 상황에서 CD는 여전히 음반 판매 시장에서 73%라는 점유율을 나타냈다. 그 뒤를 이어 카세트테이프가 14.7%, 그리고 한때 음반 시장을 장악했던 LP는 0.3%의 점유율을 보였다.

2001년에는 뮤직비디오 DVD가 매체별 음반 판매 점유율에서 4%를 차지하는 등 급격한 성장세를 보였다. 국제음반산업협회International Federation of the Phonographic Industry: IFPI의 연구 보고서(2005)에 의하면, 인터넷 상거래를 통한 CD 음반 판매 점유율이 미국은 5%, 영국은 6.6%였다. 〈그림 4〉는 전체 음반 산업의 규모가 꾸준히 감소하고 있음을 보여준다. 이와 더불어 21세기에 들어서서 음반 시장의 규모가 전반적으로 축소되는 경향을 알 수 있다. 이는 정보통신 기술, 즉 인터넷과 파일 공유 기술의 확산 시기와 묘하게 맞물린다.

전 세계 음반 판매 현황에 관한 정확한 데이터가 집계되기 시작한 것은 1969년부터다. 2003년 전 세계 음반 판매액은 320억 달러, 우리 돈으로 40조 원 규모에 이른다. 미국, 일본, 유럽의 선진국들, 즉 OECD 가입국이 전체 음반 매출의 94%를 차지했다. 전 세계 음반 시장 규모는 1969년부터 1999년에 이르기까지

〈그림 4〉 전 세계 매체별 음반 판매(1973~2009년)

(단위: 십억 달러)

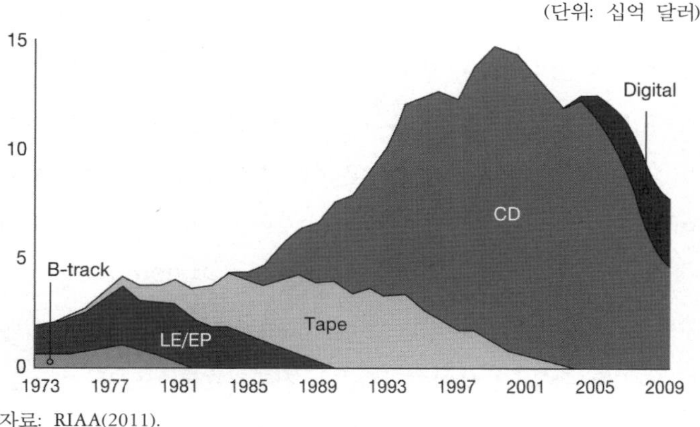

자료: RIAA(2011).

급격한 신장세를 보였다. 성장세가 주춤했던 시기는 1980년대 초반, 1990년대 중반, 그리고 2000년대 이후뿐이었다.

1999년 이후에는 음반 산업의 시장 규모가 축소되는 추세지만, 전 세계적으로 공통된 현상은 아니다. 이러한 CD 판매 하락과 부진을 음반 회사들은 P2P 네트워크를 통한 파일 공유 현상의 유행과 관련짓기도 한다. 사실 냅스터Napster와 같은 초기 음악 파일 공유 네트워크에서는 정당하게 돈을 지불하지 않고 음악을 서로 주고받는 저작권 침해 사례가 빈번히 발생했다. 그러나 비단 이러한 저작권 침해 문제가 CD 판매 부진의 원인을 모두 설명할 수는 없으며, 여러 복합적인 요인에 의하여 설명되어야 한다는 주장 역시 설득력을 얻고 있다. 무엇보다도 인터넷이나 영화, 컴퓨터 게임 등과 같은 다른 오락 산업과 음악 산업과의 경쟁은 고려해야 할 부분이다. 또한 기존의 음반 회사들이 참신하고 재능 있는 신인 가수를 발굴하기보다는, 유명하고 실력이 검증된 기성 가수들에게 의존하는 경향을 보였던 것도 사실이다. 음반 회사들은 CD 음반 판매 하락이 지속되기 때문에 어쩔 수 없이 안전한 경영 전략을 선택한 것이라고 항변한다.

디지털 정보 기술의 등장이 많은 선진국의 음악 산업 수입을 감소시켰다는 점은 부인할 수 없다. 전체적으로 보았을 때 1999년부터 2003년 사이에 음반 시장의 규모가 20%가량 축소되었다. 뮤직비디오 DVD를 제외하곤 CD, 카세트테이프, LP판 등 모든 종류의 음반 매체의 판매 수입이 줄어들었다. 이미 대중성을 상실한 카세트테이프와 LP판의 판매 하락은 차치하고서라도 CD의 판매 부진은 두드러진다. 그중에서도 CD 싱글 판매는 50% 가까운 하락률을 나타냈다.

2000년과 2003년 사이 네덜란드(-26.5%), 일본(-25.9%), 독일(-23.3%), 미국(-21.4%), 멕시코(-16.5%), 스페인(-12.6%), 캐나다(-11.3%) 등 음반 시장 규모가 큰 국가의 CD 판매가 크게 감소했다. 젠트너(Zentner, 2006)는 파일 공유를 통한 음악 다운로드가 CD 음반 판매 감소의 요인 중 30% 정도를 차지한다고 주장했다. 반면 파일 공유와 음반 판매는 통계적으로 전혀 유의미한 상

〈표 3〉 2009년 세계 음반 시장 TOP 20 국가별 현황

			유통 규모			시장 분류			소매 규모	
순위	변동	국가	US$ (단위: 백만)	국내 통화 (단위: 백만)	% 변동	음반	디지털 음원	공연 수익	US$ (단위: 백만)	국내 통화 (단위: 백만)
1	-	미국	4,632.4	4,632.4	-10.7	55%	43%	2%	7,938.6	7,938.6
2	-	일본	4,049.6	379,124.7	-10.8	74%	24%	2%	5,459.0	511,074.4
3	-	유럽	1,573.8	1,007.2	1.9	73%	19%	8%	2,153.7	1,378.4
4	-	독일	1,533.3	1,104.0	-3.0	85%	10%	5%	2,148.3	1,546.8
5	-	프랑스	947.7	682.3	-2.7	77%	14%	9%	1,379.5	993.3
6	-	캐나다	395.9	451.3	-7.4	75%	20%	5%	521.7	594.7
7	-	호주	381.6	298.1	4.3	78%	18%	4%	564.3	722.3
8	▲	네덜란드	265.4	191.1	-2.5	76%	6%	18%	365.6	263.2
9	▼	이탈리아	252.0	181.5	-17.4	76%	13%	11%	338.2	243.5
10	▼	스페인	245.9	177.0	-14.3	72%	13%	15%	318.9	229.6
11	-	브라질	203.7	409.4	0.5	81%	13%	6%	290.0	582.9
12	▲	스위스	177.7	193.7	-6.8	84%	12%	4%	225.8	246.1
13	▲	벨기에	167.1	120.3	-7.0	79%	9%	12%	220.1	158.5
14	▲	오스트리아	145.1	104.5	-1.4	80%	10%	10%	249.8	179.9
15	▲	한국	144.8	185,232.1	10.4	45%	55%	0%	284.7	364,205.4
16	▲	스웨덴	138.0	1,056.0	11.9	76%	15%	9%	181.6	1,389.5
17	▲	인도	128.4	6,271.5	2.0	50%	31%	19%	198.7	9,706.7
18	▼	멕시코	120.9	1,634.4	0.2	84%	15%	1%	191.0	2,582.4
19	▼	러시아	120.1	3,820.7	-29.1	82%	18%	0%	231.6	7,369.9
20	-	덴마크	117.5	629.9	0.8	66%	22%	12%	169.9	910.9
	-	전 세계	17,026		-7.2	70%	25%	5%	25,436.0	

자료: IFPI(2011).

관관계가 없다고 하는 연구 결과도 있다(Oberholzer-Gee and Strumpf, 2007). 그러나 음반 회사들은 이와 같은 손실의 주원인으로 파일 공유 서비스와 불법 다운로드 행태를 지적하고, 이에 대응해나가기 시작했다.

〈표 3〉에서 보는 바와 같이 전 세계적으로 음반 시장의 규모

는 감소하는 경향을 나타내고 있지만, 한국과 스웨덴은 비교적 큰 폭의 증가세를 보이고 있다. 특히 한국은 음반 시장의 규모를 디지털 음원 시장의 규모가 추월한 최초의 나라라는 기록을 가지고 있으며, 미국과 인도도 음악 시장 내에서 디지털 음원 시장이 차지하는 비율이 음반 시장의 비율에 근접하는 것으로 나타났다. 또한 한국의 경우는 공연 수익의 비율이 매우 미미한 것으로 나타났으나, 대부분의 유럽 국가와 인도에서는 공연권이 차지하는 비율이 상대적으로 높게 조사되었다.

2) 음반 유통 시장의 변화

디지털 음악 파일은 눈에 보이는 실체적인 상품을 요구하는 것이 아니기 때문에 새롭게 음반 시장에 등장한 사업자들은 기존 음반 사업자와 달리 초기 투자 비용이 적었다. 따라서 이들 신규 사업자들이 기존에 행해왔던 사업 범위는 매우 다양했다.

새롭게 음악 산업의 핵심 구성원으로 등장한 회사로는 우선 전통적인 오프라인 방식의 아마존Amazon, 월마트Wal-mart, 바이뮤직Buy music을 들 수 있다. 그리고 정보기술information technology, IT 계열인 애플사의 아이튠즈iTunes와 아이팟iPod, 마이크로소프트Microsoft사의 미디어 플레이어media player, 온라인 콘텐츠 사업자 계열인 야후Yahoo, 온라인 음악 사이트인 MP3.com, 전자기기 업체인 소니 등을 들 수 있다.

여기서 특기할 사실은 경우에 따라 음악 저작권 소유자가 소비자에게 팔고 싶어 하는 음악의 디지털 양식을 마음대로 선택할 수 있게 된 점이다. 이것은 소비자가 음악 파일을 듣고 복제하고 파일을 공유하는 일련의 과정에 얼마만큼의 자유를 부여하는가의 문제와 결부되어 있다. 어찌 보면 회사 고유의 규제 정책과도 관련이 있는 것이다. 다음 〈그림 5〉는 새로운 기술의 등장으로 인하여 음반 산업의 구조가 변화된 모습을 보여준다. 점선은 이들 기능 간에 수직적 또는 수평적 계열화가 가능함을 나타내는 것이다.

전통적인 CD 기반의 음반 유통 모델은 앞서 살펴본 바와 같

〈그림 5〉 디지털 음반 산업의 구조도

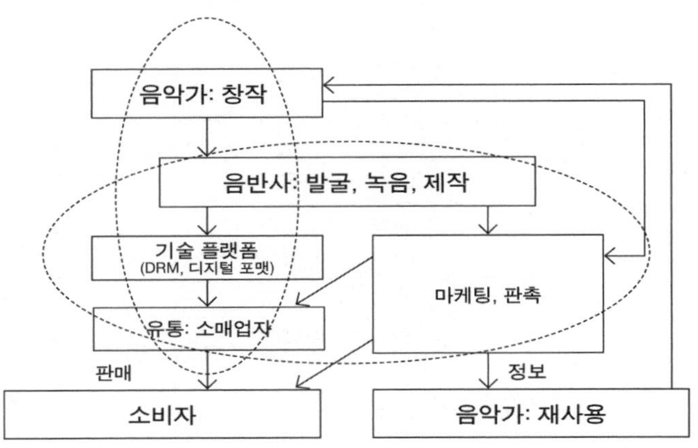

자료: Peitz and Waelbroeck(2006).

이 과점을 형성하고 있는 소수의 회사에 의하여 유지되고 있지만, 디지털 음반 유통 시장은 훨씬 다양한 시장에서 많은 기업이 참여하고 있다. 온라인 음반 유통 모델에서 이들 기업은 광고 수입에 상당 부분 의존하고 있다. 또한 정부로부터 허가를 얻어 P2P 기술을 이용하여 음반 유통 사업을 시작하려는 벤처 회사들의 움직임도 포착되고 있다. 〈그림 6〉은 디지털 기술로 인한 음반 유통 시장 변화를 더욱 구체적으로 나타내고 있다.

새로운 디지털 음반 유통 모델에서 기존의 오프라인 소매업자들은 더 이상 유일한 음반 공급 통로가 아니다. 음악은 이제 다양한 온라인 뮤직 서비스와 모바일 콘텐츠 사업자에 의하여

〈그림 6〉 새로운 디지털 음반 유통 구조도

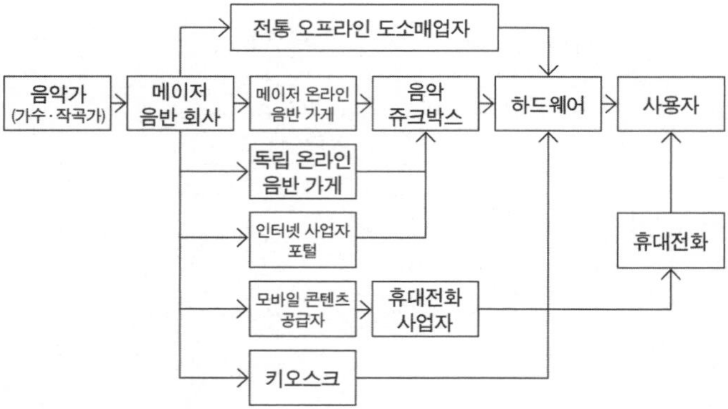

전통 오프라인 도소매업자
음악가 (가수·작곡가)
메이저 음반 회사
메이저 온라인 음반 가게
음악 쥬크박스
하드웨어
사용자
독립 온라인 음반 가게
인터넷 사업자 포털
휴대전화
모바일 콘텐츠 공급자
휴대전화 사업자
키오스크

자료: OECD(2005).

디지털 형식으로 유통되고 있다. 모바일과 인터넷을 통한 음반 유통은 가수와 소비자 간의 직거래 또한 가능케 한다.

이처럼 온라인에서 행해지는 모든 음반 상거래 행위로 말미암아 전통적인 오프라인 상업 행태는 예전에 비해서 그 영향력이 매우 약화되었다. CD 음반 시절에는 거대 메이저 음반 회사가 유통 시장을 장악하여 독립 음반 제작사가 소비자와 직접 거래하기가 어려웠다. 인터넷 매체는 이러한 장벽을 없애주었다. 독립 음반 제작자들은 합심하여 그들의 음악을 전문적으로 취급하는 온라인 뮤직 스토어를 개설하는 등 기민한 전략적 경영 행태를 보여주기도 했다. 온라인 음반 유통에서 주목해야 할 또 다른 점은 휴대전화와 같은 모바일 기기를 이용하여 음악을 구매하는 방식이 가능해졌다는 것이다.

3) 음악 산업의 가치 사슬 붕괴와 비즈니스 모델의 변화

음악 산업은 디지털 유통 환경으로 변화함에 따라 기존의 아티스트, 기획사, 음반사, 음반 유통사, 단말기, 소비자로 이어지던 가치 사슬이 붕괴되고, 디지털 유통을 통하여 직접적으로 소비자에게 전달되는 구조로 전환되었다. 음반사의 도움 없이 온라인상에서 음악을 유통하는 것이 가능해짐에 따라, 과거에는 음반사가 막대한 영향력을 행사했지만 현재는 온라인 음악 서비스를 제공하는 사업자들의 영향력이 커졌다. 음악 시장에 제작

〈그림 7〉 온라인 음악 스토어 사업자별 비즈니스 모델 현황

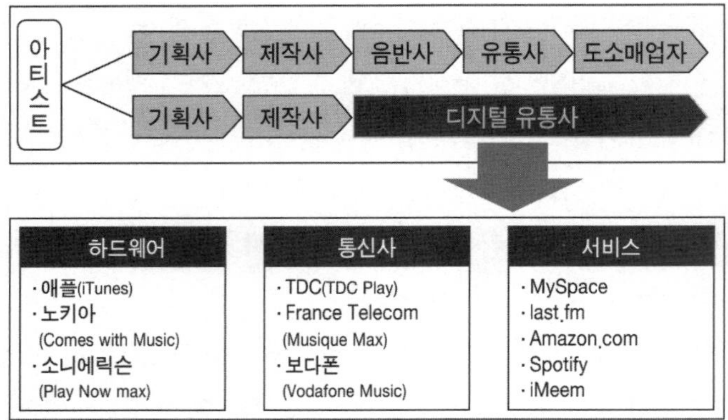

자료: 한국콘텐츠진흥원(2010b)에서 재인용.

사 또는 음반사가 아닌 온라인 사업자, 하드웨어 업체, 통신사, 서비스 사업자 등이 새로운 비즈니스 모델을 형성했다.

하드웨어 업체로는 애플, 노키아Nokia, 소니 모바일 커뮤니케이션즈Sony Mobile Communications와 같은 휴대전화 제조 회사들이 있다. 이들은 단말기 판매를 위한 수단으로 온라인 음악 서비스를 제공하기 시작했지만, 현재는 시장에서 영향력을 크게 발휘하는 사업자로 자리 잡았다. 통신 사업체로는 TDC Play(TDC), Musique Max(France Telecom), Vodafone Music(Vodafone), 멜론(SKT), 도시락(KT) 등을 들 수 있다. 이들은 자사의 이동통신 서비스 이용자를 확보하기 위하여 온라인 음악 서비스를 시작했

〈그림 8〉 클라우드 환경에서의 디지털 음악 이용 환경

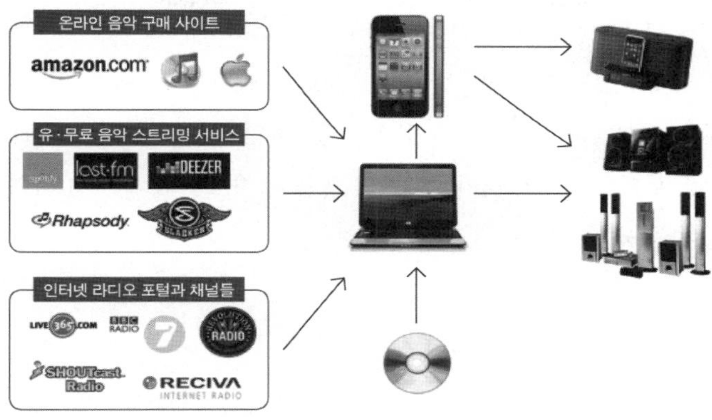

자료: Future Source(2010).

지만, 최근에는 콘텐츠 시장의 주도권 확보 및 데이터 이용 활성화를 위하여 음악 서비스를 제공하고 있다. 서비스 업체에는 온라인 스트리밍 서비스 업체와 커뮤니티 서비스 업체, 온라인 쇼핑 업체가 해당된다. 마이스페이스MySpace나 라스트에프엠last.fm, 스포티파이, 아이밈iMeem 등이 이에 속한다. 또한 세계 최대의 검색 사이트인 구글과 세계 최대 쇼핑몰 중 하나인 아마존에서도 음악 콘텐츠를 제공하는 서비스를 실시하고 있다.

클라우드Cloud 서비스는 소비자가 온라인, 모바일 또는 텔레비전을 통해서 자신의 온라인 음악 저장소에 접근하여 이용할 수 있게 해주는 기능이다. 소니의 큐리오시티 뮤직 언리미티드

Music Unlimited powered by Qriocity 서비스는 사용자들이 클라우드를 통한 음악 라이브러리에 접속하면, 디지털 음악 파일을 정리할 필요 없이 다양한 디바이스에서 새로운 음악을 그들의 취향에 맞추어 개인화된 채널을 통하여 찾을 수 있게 해준다(한국콘텐츠진흥원, 2010b: 42). 클라우드 서비스는 스마트폰의 확산에 따라 새로운 비즈니스 모델이 될 수 있을 것이다.

4) SNS를 통한 음악 콘텐츠 이용

최근 새로운 주류 미디어로 떠오르고 있는 SNS는 음악 산업에도 강력한 영향력을 발휘하고 있다. 기존의 온라인 커뮤니티가 정보 교환 및 커뮤니케이션에 중점을 두고 있었던 반면, SNS는 사회적 관계 형성에 중점을 두고 있어서 아티스트와 팬과의 상호 작용이 가능하게 되었다. 마이스페이스의 경우에는 마이스페이스 뮤직 서비스를 시작한 이후 월 이용량이 190%가량 증가한 것으로 나타났다. 그리고 미국의 시장조사 기관인 NPD 그룹의 보도자료에 의하면, 트위터 이용자들이 비이용자들에 비해서 음반을 더 많이 구매하는 것으로 나타났다. 특히 트위터 이용자들은 비이용자들보다 온라인을 통하여 음악을 구매하는 비율이 77%나 높은 것으로 나타났다. 트위터 이용자들은 온라인을 통한 음악 구매 외에도 인터넷 라디오 청취, 뮤직비디오 감상, 온라인 음악 감상 등 다양한 형태로 온라인 음악 콘텐츠를 이용하는 것으로 나타났다. 이는 SNS를 통한 온라인 음악 서비스가 새로운 음악 소비 창구로 이용되고 있음을 보여준다(한국콘텐츠진흥원, 2010b).

SNS는 대체로 음악 스트리밍 서비스를 제공하고 있으며, 모바일과의 연동 서비스를 통하여 언제 어디서나 음악을 들을 수 있게 해준다는 장점이 있다. 더불어 이용자들 간 음악적 경험 공유와 음악 제작자들 간의 음악 창작 교류를 가능하게 해준다는 특성이 있다. SNS를 통하여 음악 공유 및 제작의 기회가 주어지자 소비자들은 음악의 소비와 더불어 제작 또는 유통의 역할까지 담당하게 되었다.

5) 디지털 음반 시장의 수익 배분 구조 변화

가수나 작곡가의 입장에서 보면 음반 회사가 신인 가수와 계약을 맺고 수익을 분배하는 비율은 온라인이나 오프라인이나 크게 차이가 없다. 앞서 언급한 바와 유명 가수의 경우 협상을 통하여 좀 더 유리한 계약 조건을 이끌어낼 수도 있지만, 신인 가수의 경우는 그렇지 않다. 반면 음반 회사는 CD 음반 판매에 비하여 디지털 음반 판매에서 마케팅 및 판촉비가 줄어들기 때문에 10~20% 더 많은 수익을 얻고 있다.

디지털 음악 유통 시장의 장점은 거대 메이저 음반 회사의 유통망에 의존하지 않고서도 얼마든지 소비자에게 접근할 수 있다는 점이다. 가수와 소비자의 직거래는 중간 상인 단계를 생략하므로 음악 가격을 낮출 수 있고, 이로써 소비자와 생산자, 즉 전체적인 후생 향상에 이바지할 수 있다.

2011년 현재의 디지털 음원 수익 분배 구조는 작곡가·작사가와 가수·연주자의 수익은 매우 적고, 제작사와 유통사의 이익만을 보장해주는 구조로 이루어져 있다. 인터넷 음원 사이트에서 한 곡을 다운로드하는 데 600원을 지불한다면, 이 중 제작사가 240원, 유통사가 276원을 가져가는 반면, 작곡가는 54원, 가수는 30원을 받게 된다. 이용자들이 정액제로 다운로드 서비스를 이용할 경우에는 전체 수익이 약 10%로 줄어들어, 작곡자는 4.9

〈표 4〉 디지털 음원 수익 분배 구조

분배 비율	제작사	작곡가·작사가	가수·연주자	유통사
인터넷 음원 사이트 다운로드	40%	9%	5%	46%
정액제 이용 시	40%	8.2%	4.5%	47.3%
벨소리·연결음 등 모바일 매출	25%	9%	4.5%	61.5%
곡당 분배 추정	제작사	작곡가·작사가	가수·연주자	유통사
인터넷 음원 사이트 다운로드 (곡당 600원)	240원	54원	30원	276원
정액제 이용 시 (9,000원/ 150곡)	24원	4.9원	2.7원	28.3원

자료: 권순택(2011.9.19)에서 재인용.

원, 가수는 2.7원을 받게 된다. 이렇게 디지털 음원 판매를 통하여 얻을 수 있는 수익이 적어서 뛰어난 재능을 가진 작곡가나 가수들이 제대로 된 음악 생산 활동을 하기 어려워질 수 있다는 우려를 낳고 있다. 장기적으로 보았을 때 좋은 음악을 만드는 것이 음악 시장의 확대를 불러오는 가장 좋은 방법이라는 점에서, 작곡가나 가수에게 더욱 이익이 될 수 있도록 디지털 음원 수익 분배 구조를 개선해나가야 한다는 주장이 설득력을 얻는다.

4. 음악 산업의 글로벌화

1) 글로벌 시장 진출

일부 연예기획사들은 국내 시장만으로 만족하지 않고 일찍이 해외 시장으로 눈을 돌렸다. 대표적으로 SM엔터테인먼트와 JYP엔터테인먼트를 들 수 있다. SM엔터테인먼트는 한국 최초로 '기획된 아이돌 댄스 그룹'을 대중음악 시장에 내놓은 곳으로, 1998년부터 중국과 일본을 비롯한 아시아 시장을 공략하기 시작했다. SM엔터테인먼트의 홈페이지 홍보자료(www.smtown.com)에 의하면 SM엔터테인먼트는 단순히 한국의 기획사가 아니라 '아시아의 기획사'가 되기 위하여 현지화 전략을 이용했다. 즉, 신인가수들에게 데뷔 전부터 오랜 기간 동안 일본어나 중국어 등 진출하고자 하는 각국의 언어를 가르쳐왔으며, 현지에서 직접 신인을 발굴하여 해당 국가와 한국에서 활동을 병행하게 했다. 또한 디지털 콘텐츠 판매 수단을 마련하기 위하여 일본 최대의 엔터테인먼트 회사들과 합작으로 온라인 회사인 판당고 코리아를 설립하고, 중국·일본·홍콩·대만 등지에 현지 법인을 설립하거나 현지의 거대 기획사와 네트워크를 이루어 범아시아적 기업으로 발돋움하고 있다.

JYP엔터테인먼트의 박진영은 유창한 영어 실력을 바탕으로 미국의 유명 음악인들과 친분을 쌓고, 국내 가수들을 미국 시장에 소개하기 위하여 끊임없이 노력하고 있다. 음악의 본고장이라 할 수 있는 미국 시장에 국내 가수가 데뷔한다는 것은 그야말로 꿈같은 일이었을 뿐 감히 시도하려는 사람이 없었으나, 박진영은 그룹 원더걸스를 성공적으로 데뷔시켰다.

한편 이동통신회사인 SK텔레콤은 2004년 중국의 차이나유니콤China Unicom과 함께 'UNISK'를 설립하여 중국 시장에 국내 음악 콘텐츠를 판매하기 위한 교두보를 마련했다. 또한 2005년에는 미국의 3대 인터넷 서비스 제공 업체인 어스링크earthlink와 합작으로 'SK-어스링크'를 설립하고, 국내의 디지털 음원 제공 서비스 멜론과 같은 'Hello'를 런칭하여 미국 시장 개척을 꾀하고 있다(정성현, 2006: 85).

최근에는 UCCUser Created Contents, 사용자 제작 콘텐츠가 선풍적인 인기를 끌면서, 유튜브를 비롯한 UCC 사이트가 전 세계적으로 활성화되고 있다. 유튜브에 올린 국내 가수들의 뮤직비디오 등을 통해서 외국 어디에서나 한국의 음악을 접할 수 있는 환경이 조성된 것이다. 실제로 'Reika no rakuen레이카의 낙원(reikanorakuen.wordpress.com)'과 같은 개인 블로그나 'NME(www.nme.com)' 등 음악 검색 사이트를 보면 한국의 거의 모든 아티스트와 음악이 망라되어 있는 것을 알 수 있다.

특히 개인 블로그의 경우 최신곡과 신인 가수까지 소개되고 있는데, 이는 순전히 한국의 음악을 사랑하는 외국인의 노력에 의한 것이다. 블로그 운영자들은 자발적으로 통역자를 구하여 한국 가요계의 판도를 수시로 점검하고, 영어로 번역하여 블로그에 올리고 있다. 이들 운영자와 접촉해본 결과 이들은 한국어로만 소개되어 있는 모든 자료의 번역에 어려움을 겪고 있으며, 또한 한국의 포털사이트나 팬카페 등에 가입하고 이를 이용하는데 외국인이라는 요인과 언어 소통의 문제로 인한 불편함이 심하다고 전했다. 만일 한국의 음악 관련 사이트가 영어나 일본어 등으로 이용하기 쉬워진다면 외국인들의 한국 음악 접근성은 더욱 용이해질 것이며, 한국 음악을 사랑하는 외국인들의 자발적인 블로그 운영도 더욱 활발해질 것으로 기대된다.

2) K-POP을 통한 한류 열풍

K-POP이란 한국 대중가요를 부르는 말로 한국에서 제작된 댄스, 일렉트로팝, 힙합, 록, R&B 등의 장르로 구성된다. K-POP은 전 세계의 청소년들과 젊은이들 사이에서 인기 있는 하위문화를 만들며 성장했으며, 한국의 아이돌 그룹과 가수들의 패션, 스타일에 대한 관심을 널리 알리는 결과를 낳았다. 페이스북의 팬 페이지, 아이튠즈, 트위터 프로필, 유튜브의 뮤직비디오를 통하여 이전에는 접근할 수 없었던 관중들에게 다가갈 수 있게 되면서, K-POP은 하나의 장르로서 부각되고 인기를 끄는 등 새로운 패러다임을 형성하고 있다.

오늘날 한국 대중음악은 태평양 지역을 가로지르는 중국, 홍콩, 일본, 대만, 베트남 등에서 젊음의 문화를 이끄는 새로운 동력으로 작용하고 있다. 최근의 장르는 1980~1990년대의 미국 음악이 유럽에서 그랬듯이 지역에 적응하는 경향을 보이고 있다.

K-POP 바람은 아시아를 넘어 유럽과 미국 그리고 남미에 이르기까지 세계 곳곳으로 퍼져나가고 있다. 이를 1960년대의 비틀즈를 필두로 한 영국 대중음악이 미국에서 성공을 거둔 현상인 브리티시 인베이전British invasion에 빗대어 '코리안 인베이전Korean invasion'이라고도 한다(서정민, 2012). SM엔터테인먼트는 1990년대에 그룹 H.O.T의 중국 진출을 시작으로 2000년대에는 보아와 동방신기를 일본에 진출시키고, 최근에는 슈퍼주니어

와 소녀시대를 아시아 전역을 넘어 유럽까지 진출시킨 초대형 연예기획사다. 미국의 음악 인기 순위인 빌보드 차트billboard chart에 K-POP 차트가 생기기에 이를 정도로, 현재 K-POP은 전 세계적인 음악 시장에서 새로운 장르로 자리 잡았다.

이제 연예기획사의 연습생 시스템은 K-POP 산업에서 걸 그룹, 아이돌 그룹, 그리고 솔로 가수들을 키우기 위한 보편적인 전략이 되었다. 신인 가수가 성공할 가능성을 보장하기 위해서 연예기획사는 연습생들에게 생활비를 제공하며 여러 가지 훈련을 시키는데, 이 모든 과정을 거쳐 가수로 데뷔시키는 데 수억 원가량의 비용이 들기도 한다. 수년간의 연습생 생활 동안 가수 지망생들은 보컬 및 안무 연습, 몸매 관리, 외국어 학습 등을 한다.

보아, 동방신기, SS501, 빅뱅, 카라, 소녀시대, 비스트, 엠블랙, 2PM, 슈퍼주니어, 샤이니, 2NE1을 포함한 대부분의 스타급 아이돌 그룹 또는 솔로 가수는 일본 시장을 시작으로 해외 진출을 시도한다. 따라서 이들은 일본어로 인터뷰하고 노래하기 위하여 노래와 춤을 연습하고 훈련하는 것 외에 외국어 공부까지 병행한다. 1998년 그룹 S.E.S가 일본의 오리콘Oricon 주간 차트 37위를 기록한 이후, 솔로 가수 보아는 본격적인 현지화 전략으로 수년간 일본에서 언어를 공부하고 일본 작곡가가 만든 곡을 발표하여 오리콘 주간 차트 통산 7회의 1위를 기록했다. 보아와 마찬가지로 현지화 전략을 활용한 그룹 동방신기는 2005년 데뷔 후 오리콘 싱글 주간 차트에서 통산 9회의 1위를 기록했다. 그룹 빅뱅은 2009년 멤버 지드래곤과 일본 가수 다이시댄스가 공동 작곡한 「My heaven」으로 발매 첫 주 오리콘 주간 차트 3위에 올랐다.

2010년에는 포미닛, 소녀시대, 카라 등이 현지 제작곡이 아닌 국내 히트곡을 일본어 버전으로 바꾸어 불러서 크게 성공했다. 일본인 작곡가의 곡으로 데뷔한 엠블랙, 현지에서 시작한 씨엔블루 등의 현지화 전략도 여전히 유효했다. 동방신기, 소녀시대, 카라는 일본의 연말 최고 음악 프로그램인 〈NHK 홍백가합전紅白歌合戦〉에 출연하기도 하는 등 일본에서 K-POP의 위상은 매우 높아졌다(정병근, 2011).

K-POP은 아시아 외부의 외국 시장 특히 미국, 캐나다, 호주의 영향을 받는다. 2001년 김범수는 「HELLO GOODBYE HELLO」로 미국의 빌보드 핫 100The Billboard Hot 100에 처음으로 이름을 올린 한국 가수가 되었다. 2009년에는 「Tell me」, 「So hot」, 「Nobody」 등 넘버원 송들을 담은 싱글 앨범을 100만 장 이상 판매하며 아시아에서 가장 큰 성공을 거둔 음악가 중 하나인 원더걸스가 빌보드 핫 100에 데뷔했다. 장르를 더욱 글로벌화하기 위해서 외국에서 활동하는 K-POP 음악가들의 사례가 증가하고 있다. 한국 음악가들은 조나스 브라더스와 같은 그룹들과 투어 공연을 하고, 카니예 웨스트, 테디 릴리, 디플로, 로드

니 저킨스, 루다크리스, 윌 아이 엠 등과 같이 잘 알려진 제작자들과 함께 공동 작업을 하고 있다.

과거에 K-POP은 가까운 나라인 일본에 진출하는 것에 머물러 있었지만, 드라마를 통한 한류 열풍의 뒤를 이어 중국, 대만, 태국, 베트남, 인도네시아, 말레이시아 등 동남아시아로 진출하게 되었다. 그리고 2011년에 이르러 K-POP은 미국과 유럽에서도 큰 인기를 얻고 있으며 오세아니아, 남미, 중동에 이르기까지 전 세계적으로 호응을 얻고 있다. 이는 일본과 중화권 그룹들이 아시아에서만 인기를 모으는 것과 대비되는 K-POP의 특성이다. K-POP 아이돌 그룹들의 춤, 노래, 패션을 따라 하는 커버cover 현상은 아시아뿐만 아니라 서구권에서도 보편적으로 나타나고 있다. 미국과 유럽, 남미의 거리에서는 K-POP에 대한 플래시몹flashmob, 음악에 맞추어 사람들이 모여서 대열을 이루고 춤을 따라 하는 것이 하나의 문화 현상으로 자리 잡았다.

예전에는 국내에서 성공한 음악들만이 해외로 진출할 수 있는 기회를 얻었지만, 현재는 국내에서 앨범이 발매됨과 동시에 해외에서도 즉각적으로 전달되는 경향을 보이고 있다. K-POP은 지리적인 한계를 뛰어넘어 세계 어디에서나 동시에 소비되고 있는 것이다.

3) K-POP의 성공 요인

K-POP이 전 세계적으로 주목을 받을 수 있었던 성공 요인은 크게 세 가지로 꼽을 수 있다(정태수, 2010). 첫 번째는 다양한 문화를 녹여내는 융합력이다. 일본 또는 아시아의 경우에는 문화적 유사성으로 인하여 비교적 쉽게 진출할 수 있었던 반면, 서구권 국가로 진출하는 데는 문화적 장벽이 존재했다. 한국의 음악적 특성에 영국과 미국에서 인기를 모으고 있던 기존의 음악 스타일을 가미하여 문화적 차이를 극복하고 호응을 얻게 되었다. 음악에 관한 한 문화와 국경을 초월하는 글로벌 시대가 도래했고, 최근에는 해외에서 활동하던 음악가들이 국내로 들어와서 음반 작업을 하는 경우도 낯설지 않다. 이들 음악가들이 만들어낸 K-POP 음악은 서구적 특색과 동양적 매력을 동시에 갖추어, 해외에서도 거부감 없이 받아들일 수 있게 된 것이다.

두 번째 요인으로는 전문적인 아이돌 육성 시스템을 들 수 있다. 앞서 언급했듯이 한국의 대형 기획사 또는 연예매니지먼트 회사들은 아이돌 스타를 발굴해서 키워내는 체계적인 양성 프로그램을 가동하고 있다. 아이돌 그룹은 전문적인 음악 실력과 더불어 스타가 될 수 있는 자질(외모, 자질, 패션 감각 등)을 갖추도록 교육을 받는다. 이러한 육성 시스템은 초기 대형 기획사의 장기적인 투자로 시작되었고, 이후 아이돌 그룹들의 잇단 성공으로 인하여 아이돌 그룹 지망생이 많아지면서 지속될 수 있었다.

연예기획사의 연습생이 되기 위해서는 치열한 오디션 경쟁에서 살아남아야 하고, 연습생이 되더라도 가수로 데뷔하기 위해서는 끊임없이 경쟁을 해야 한다. 이는 경쟁력을 갖춘 스타를 만들어냄과 동시에 풍부한 아이돌 후보 풀pool을 유지할 수 있도록 해준다. 아이돌 그룹의 멤버들이 작은 단위unit로 나뉘어 활동하기도 하고, 여러 아이돌 그룹에서 활동하던 몇몇 멤버들이 모여서 새로운 아이돌 그룹을 만들어 활동하기도 하며, 소속사를 옮겨서 새롭게 활동을 하기도 하는 등 한 명의 멤버 또는 하나의 그룹이 새로운 콘셉트로 다양한 형태의 활동을 할 수 있게 된 것도 이러한 아이돌 양성 시스템과 연습생 풀 유지가 뒷받침해 주고 있기 때문이다.

세 번째로는 소셜 미디어의 확산과 글로벌 네트워크의 활용을 들 수 있다. 해외 국가에서 K-POP을 접할 수 있는 통로는 유튜브와 같은 동영상 사이트가 대부분을 차지하고 있다. 인터넷의 보급은 K-POP 세계 진출의 밑거름이 되었다. 그리고 이를 적극적으로 활용한 기획사 또는 연예매니지먼트 회사의 노력이 K-POP의 세계적 성공을 이루어냈다. 동영상 사이트에는 가수들의 무대 영상, 뮤직비디오뿐만 아니라 연습 과정, 일상생활, 팬들의 반응, 일반인들의 노래와 춤 따라 하기 영상 등 다양한 관련 콘텐츠들이 게시되고 있다. 한편 외국인들이 K-POP을 처음 접하는 계기는 재외 교포 및 한국 유학생들의 권유가 가장 큰 것으로 나타났다. 세계 어느 곳에나 한국 교민들이 자리 잡고 있다는 점에서 K-POP은 이미 세계 각지로 진출해 있는 셈이다.

이외에도 현지 엔터테인먼트 매니지먼트 회사와의 제휴를 통한 현지화 전략을 들 수 있다. K-POP이 가장 먼저 해외 진출에 성공했던 국가는 일본이다. 일본은 아시아 최대 문화 소비 시장이라는 점에서 일본으로의 성공적 진출은 세계적인 성공으로 인정받는 경향이 있다. 국내 기획사들은 일본으로 진출하기 위하여 대부분 현지 대행업체와의 제휴를 통해서 현지화 전략을 실행했다. 일본에 진출하는 아이돌 그룹들은 더욱 파격적인 안무와 의상을 선보이는가 하면, 텔레비전 방송 프로그램에 출연하고, 콘서트 등 공연 활동도 하면서 현지 팬들을 확보하고 있다. 한국과 외국의 문화적·사회적·경제적 차이를 극복하기 위해서 국내 활동과 현지 활동을 이분화해서 개별적으로 진행하는 전략을 취하기도 한다. 중국이나 태국에서는 한국의 연예기획사에서 실시하는 오디션에 지원하는 현지 지망생의 규모가 폭발적으로 증가하고 있다.

마지막으로 아이돌 그룹 위주의 문화 상품화 전략 또한 성공 요인이라 할 수 있다. 아이돌 그룹들은 대개 10대 후반에서 20대 초반에 이르는 나이 어린 멤버들로 이루어져 있다. 따라서 감수성이 비슷한 연령대 팬들의 공감을 얻기 쉬우며, 각 멤버들이 가지고 있는 개성이 다양해서 전 연령대를 대상으로 두터운 팬층을 확보하기 쉽다. 한 그룹 내에 다양한 캐릭터의 멤버들이 있어서 팬들도 자신이 좋아하는 멤버를 따라 그룹을 지지하게 되고, 지지하는 그룹 내의 다른 멤버들도 좋아하게 되면서 그룹에 대한 충성도가 더욱 높아지게 되는 것이다. 또한 K-POP은 노래와 춤뿐 아니라 아이돌 그룹의 패션과 행동이 같이 전파되는 경향을 보이고 있다. K-POP을 좋아하는 해외 팬들은 노래를 듣고 부르기만 하는 것이 아니라 뮤직비디오나 동영상을 보고 춤을 연습해서 따라 하기도 하며, 심지어 옷과 모자, 신발 등 패션을 모방하는 경우가 많다. 따라서 K-POP은 단순히 음악을 수출하는 것에 그치지 않고, 안무와 패션을 포함한 종합적 문화 콘텐츠를 수출하는 것이라 할 수 있다.

Track 04

음악 산업 현황

1. 해외 음악 산업 현황

디지털 음악이 실물 CD의 시장 규모를 앞지르고 있는 것은 비단 한국만의 상황이 아니다. 전 세계적으로 음반 형태의 음악 시장은 축소되고 있는 반면, 디지털 음원의 매출은 급격하게 늘고 있다. 그중에서도 벨소리로 대표되는 모바일 가공 음원 시장이 큰 부분을 차지하고 있으며, CD라는 판매 형태 자체가 사라지고 있는 것이 현실이다. CD에 비해서 디지털 음원은 제작비가 저렴하고, 판매점 진열을 위한 초기 비용이 들지 않는다는 점에서 해외 시장 진출 시 더욱 효용 가치가 있을 것으로 보인다.

2010년의 디지털 음악 시장의 비중은 29.73%였으나, 2014년에는 디지털 음악 산업이 전통적인 오프라인 중심의 음악 산업의 규모를 능가하며 세계 음악 산업 규모의 50% 이상을 기록할 것으로 예상된다(한국콘텐츠진흥원, 2011: 188). 이러한 예측의 주요 가정은 합법적인 디지털 음악 산업의 성장이 선행되어야 한다는 것이다. 특히 세계 인구의 60%를 차지하는 아시아 지역의 음악 산업은 급격히 성장할 것으로 기대된다. 향후 한국을 비롯한 아시아 국가가 세계 음악 시장의 리더가 되기 위해서는 해외 주요 국가들의 노력을 살펴보고 이를 참고하여, 현재의 불법 다운로드를 통한 음반 산업의 위기를 타개하고 새로운 정보 기술 시대에 맞는 비즈니스 모델의 발굴을 모색해야 할 것이다.

미국의 시장조사기관 PWCPricewater-house Coopers에 의하면, 2011년 현재 전 세계적으로 음악 시장은 음반 시장의 규모가 감소하고, 디지털 음악 시장의 규모는 확장되는 추세를 보이는 것으로 나타났다. 〈그림 9〉에서 살펴볼 수 있듯이 전 세계 음악 시장의 규모는 2005년을 기점으로 꾸준히 감소하고 있으며, 음반 시장의 규모도 마찬가지로 감소세를 보이고 있다. 이와 대조적으로 디지털 음악 시장의 규모는 계속 증가하고 있으며, 이러한 추세는 2015년까지 계속 이어질 것으로 예상된다(이은민, 2011).

2014년에는 전 세계 디지털 음악 시장의 규모가 음반 시장의 규모를 추월할 것으로 예견되는데, 이는 국가별로 차이가 있다. 우선 미국 음악 시장에서는 2011년에 디지털 음악 시장의 규모가 33억 달러를 기록하여 31억 달러에 달하는 음반 시장의 규모

〈그림 9〉 전 세계 음악 산업 시장 규모 및 전망

(단위: 억 달러)

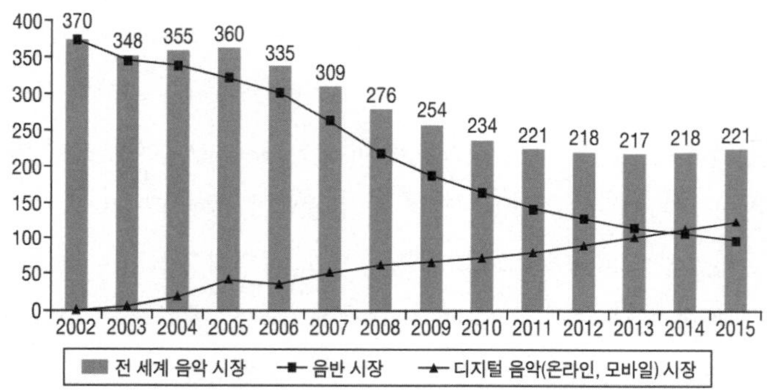

자료: 이은민(2011: 23).

를 넘어설 것으로 보인다. 영국에서는 2013년에 디지털 음악 시장의 규모(11억 달러)가 음반 시장(10억 달러)의 규모를 뛰어넘을 것으로 예상된다. 반면에 일본 음악 시장은 2015년까지 여전히 음반 시장이 상대적인 강세를 유지할 것으로 보이고, 한국은 이미 2004년에 디지털 음악 시장이 음반 시장의 규모를 넘어선 것으로 파악된다.

한국은 2000년 초부터 음반 시장의 규모가 급감하고, 온라인 음악 시장이 급성장하기 시작하여 온라인 음악 시장 중심으로 산업 구조가 재편되었다. 기존의 음반 회사들은 기획까지 겸하는 종합 음반 회사로 성장했고, 디지털 싱글 출시 등으로 콘텐츠 제작비가 감소되어 소규모 음악 제작사들의 시장 진입이 쉬워졌다. 음반 시장에서 디지털 음악 시장으로 중심이 이동하면서 가장 큰 타격을 입은 직종은 음반 유통 부문이다. 음반을 유통하고 소비자들에게 판매하던 도매업과 소매업은 그 수가 급격히 감소했고, 모바일 음악 서비스, 인터넷 음악 서비스, 음원 대리 중개업, 인터넷 모바일 콘텐츠 제작 및 제공업 등 온라인

〈그림 10〉 주요 국가별 음반 시장과 디지털 음악 시장 규모 비교

(단위: 억 달러)

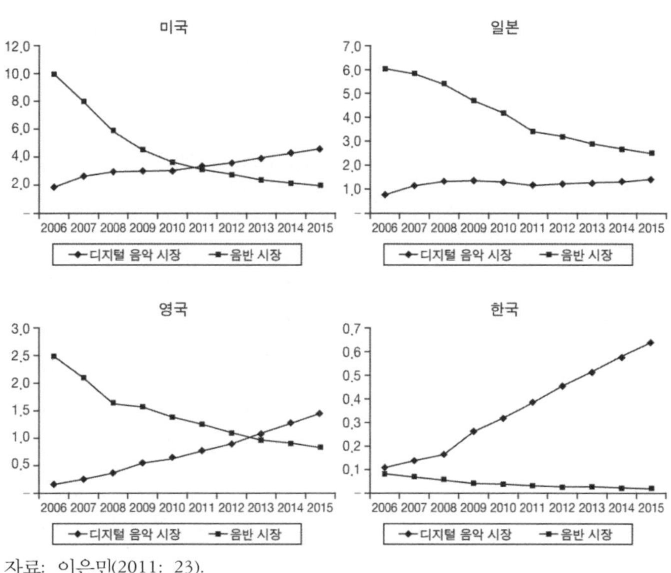

자료: 이은민(2011: 23).

〈표 5〉 2009년 세계 음악 시장의 국가별 음반 시장 순위

순위	국가	점유율(%)	순위	국가	점유율(%)
1	일본	25	6	호주	3
2	미국	21	7	캐나다	2
3	독일	11	8	네덜란드	2
4	영국	10	9	이탈리아	2
5	프랑스	6	10	스페인	1

자료: IFPI(2010).

〈표 6〉 2009년 세계 음악 시장의 국가별 디지털 시장 순위

순위	국가	점유율(%)	순위	국가	점유율(%)
1	미국	47	6	캐나다	2
2	일본	23	7	한국	2
3	영국	7	8	호주	2
4	독일	4	9	중국	1
5	프랑스	3	10	인도	1

자료: IFPI(2010).

〈표 7〉 2009년 세계 음악 시장의 국가별 공연 시장 순위

순위	국가	점유율(%)	순위	국가	점유율(%)
1	영국	16	6	네덜란드	6
2	일본	11	7	스페인	5
3	프랑스	11	8	이탈리아	3
4	독일	10	9	인도	3
5	미국	9	10	벨기에	3

자료: IFPI(2010).

음악 유통업이 급증하게 되었다(이은민, 2011).

2009년 세계 음반 시장의 국가별 순위를 살펴보면 일본이 1위를 차지했고, 미국이 2위, 독일과 영국이 각각 3위, 4위로 그 뒤를 이었다. 디지털 시장은 음반 시장 순위와 마찬가지로 미국, 일본, 영국, 독일이 상위권을 차지했고, 한국, 중국, 인도 등 음반 시장의 점유율이 낮았던 국가들이 높은 순위에 올랐다. 공연권의 경우에는 영국이 16%로 가장 높았고, 일본(11%), 프랑스(11%), 독일(10%), 미국(9%) 순으로 나타났다. 공연권 시장의 규모는 유럽권 국가들과 일본이 미국보다 높았다.

온라인 음악 시장은 크게 다운로드 서비스와 스트리밍 서비스로 구분할 수 있다. 다운로드 서비스는 곡당 정해진 가격을 지불하고 음악을 내려받는 것이며, 스트리밍 서비스는 일정 금액을 지불하고 나서 해당 기간 동안 음원들을 이용할 수 있는 것을 말한다. 한국의 온라인 음악 시장은 다운로드 서비스와 스트리밍 서비스가 결합된 복합 상품이 주를 이루고 있다. 달마다 일정 금액을 내고 이 두 가지 서비스를 PC, MP3 플레이어, 휴대전화 등으로 이용하는 것이다. 국내 온라인 음악 서비스 가입자의 수는 2011년 현재 멜론이 318만 명, 엠넷닷컴이 143만 명, 벅스뮤직이 111만 명, 올레뮤직이 69만 명, 소리바다가 42만 명으로 추산되었다(로엔엔터테인먼트, 2011).

온라인 음악 시장 비즈니스에서 스트리밍 서비스는 점차 확대되고 있다. 대표적으로 유럽과 미국의 스포티파이를 들 수 있는데, 이 서비스는 현재 1,000만 명이 넘는 이용자와 250만 명의 유료 가입자를 보유하고 있다. 이들은 광고 기반 무료 스트리밍 서비스를 기반으로, 소셜 네트워크 서비스와의 연동 및 앱 개발 등을 통하여 영역을 확대해나가고 있다. 또한 구매 음원을 다양한 기기를 통해서 스트리밍해주는 클라우드 기반 스트리밍 서비스 또한 떠오르는 비즈니스 모델로 주목받고 있다.

유럽에서는 광고 기반 무료 스트리밍 서비스인 스포티파이가 큰 호응을 얻고 있다. 무료 서비스라는 장점을 내세워 많은 가입자를 확보함으로써 성공적인 비즈니스 모델로 평가받고 있다. 스포티파이를 사용하기 위해서는 전용 소프트웨어를 설치해야 하며, 이 소프트웨어는 무료 스트리밍 음원을 검색하고 이용할 수 있도록 해준다. 또한 소셜 네트워크 서비스와 연동하여 자신이 듣는 음악과 친구들이 듣는 음악을 공유할 수 있게 해준다. 스포티파이의 무료 이용자는 처음 6개월간은 무제한으로, 이후에는 매달 10시간씩 서비스를 이용할 수 있으며, 다음 곡을 재생할 때마다 광고를 듣게 된다. 유료 이용자들은 월 4.99달러로 광고 없이 서비스를 이용할 수 있으며, 월 9.99달러를 내면 오프라인 모드에서 음원을 재생하거나 앱을 통해서 각종 모바일에서도 이용할 수 있다.

온라인 음악 시장의 다른 비즈니스 모델로는 클라우드 기반의 스트리밍 서비스를 들 수 있다. 음악은 콘텐츠의 종류가 다양하고 용량이 작다는 점에서 클라우드 스트리밍 서비스에 적합하다. 애플, 아마존, 구글에서는 자사의 서버에 저장해둔 콘텐츠들을 이용할 수 있도록 음악 클라우드 서비스를 제공하고 있다.

아마존에서는 이용자들이 구입한 특정 음원을 무료로 클라우드 드라이브에 저장해두고, PC와 모바일 기기를 통하여 이용할 수 있도록 서비스를 제공하고 있다. 그런가 하면 애플은 다양한 기기를 통해서 스트리밍 서비스를 이용할 수 있도록 2011년 6월에 아이튠즈 매치 서비스를 시작했다. 이는 이용자가 보유하고 있는 음악 파일을 애플의 클라우드 저장 장소인 아이클라우드iCloud에 저장해두고, 다양한 단말기를 통해서 스트리밍으로 이용할 수 있는 서비스다. 구글 또한 EMI, 소니뮤직, 유니버설 등 다수의 음반 회사와 계약하여 1,300만 곡의 음원을 바탕으로 이용자들에게 클라우드 스트리밍 서비스를 제공하고 있다. 이용자들은 보유하고 있거나 구입한 음원을 무료로 구글 서버에 올려두고, PC와 안드로이드 지원 휴대 단말기를 통하여 이용할 수 있다.

2010년의 아시아권 음악 시장 규모는 44억 8,000만 달러이며, 향후 5년간 연평균 3.4%의 감소세를 보일 것으로 예상된다. 세부적으로 2010년 각 음반 시장의 규모를 살펴보면, 오프라인 음반 시장은 29억 3,900만 달러, 공연권은 1억 3,200만 달러로

〈표 8〉 아시아 음악 시장 규모 추이(2007~2015년)

(단위: 백만 달러)

구분	2007	2008	2009	2010	2011	2012	2013	2014	2015
음반	4,114	3,937	3,332	2,939	2,598	2,335	2,107	1,914	1,666
공연권	100	113	120	132	143	153	164	175	185
디지털	898	1,124	1,241	1,409	1,537	1,651	1,750	1,836	1,910
인터넷	559	649	684	753	798	837	871	902	930
모바일	339	475	557	656	739	814	878	934	979
합계	5,112	5,175	4,692	4,480	4,278	4,139	4,021	3,925	3,761
전년 대비 성장률		1.2%	-9.3%	-4.5%	-4.5%	-3.3%	-2.8%	-2.4%	-4.2%

자료: 한국콘텐츠진흥원(2011)에서 재인용.

나타났다. 인터넷과 모바일을 포함한 디지털 시장은 14억 900만 달러였으며, 인터넷 시장은 7억 5,300달러, 모바일 시장은 6억 5,600만 달러였다. 〈표 8〉에서 보는 바와 같이 아시아권의 전체 음악 시장 규모는 점차 감소하고 있으며, 음반 시장 판매 규모는 점차 줄어드는 반면 공연권과 디지털 판매 규모는 증가하고 있다(한국콘텐츠진흥원, 2011).

1) 미국의 음악 산업 현황

2010년의 미국 음악 시장 규모는 45억 300만 달러였으며, 점차 감소하여 2015년에는 39억 100만 달러까지 하락할 것으로 예상된다(한국콘텐츠진흥원, 2011). 2010년의 통계를 세부적으로

〈표 9〉 미국 음악 시장 규모 추이(2007~2015년)

(단위: 백만 달러)

구분	2007	2008	2009	2010	2011	2012	2013	2014	2015
음반	4,559	3,139	2,557	2,103	1,746	1,455	1,222	1,035	816
공연권	24	55	70	102	137	177	222	273	328
디지털	1,530	1,991	2,005	2,298	2,459	2,584	2,674	2,732	2,757
인터넷	952	1,150	1,106	1,252	1,322	1,383	1,436	1,484	1,527
모바일	578	841	899	1,045	1,137	1,201	1,238	1,247	1,229
합계	6,113	5,185	4,633	4,503	4,342	4,216	4,119	4,039	3,901
전년 대비 성장률		-15.2%	-10.7%	-2.8%	-3.6%	-2.9%	-2.3%	-2.0%	-3.4%

자료: 한국콘텐츠진흥원(2011)에서 재인용.

보면, 오프라인 음반 시장이 21억 300만 달러, 공연권이 1억 200만 달러, 온라인 시장이 12억 5,200만 달러, 모바일 시장이 10억 4,500만 달러이다. 미국 내 음반 시장 규모는 축소될 것으로 예상되는 반면, 공연권은 연평균 26.3%의 증가세가 향후 5년간 지속될 것으로 보인다.

분야별 시장 규모 추이를 살펴보면, 2012년을 기점으로 음반 시장의 규모와 인터넷·모바일 시장 규모가 반전될 것으로 예측된다. 디지털 시장은 빠르게 성장하여 2010년에 이미 음반 및 공연권 시장의 규모를 넘어섰으며, 2013년에는 모바일 시장도 음반 시장을 앞설 것이다(한국콘텐츠진흥원, 2011). 2010년에는 전체 음악 시장 중 음반의 비중이 절반을 차지하지만, 2015년에

〈그림 11〉 2010 · 2015년 미국 음악 시장 분야별 비중 비교

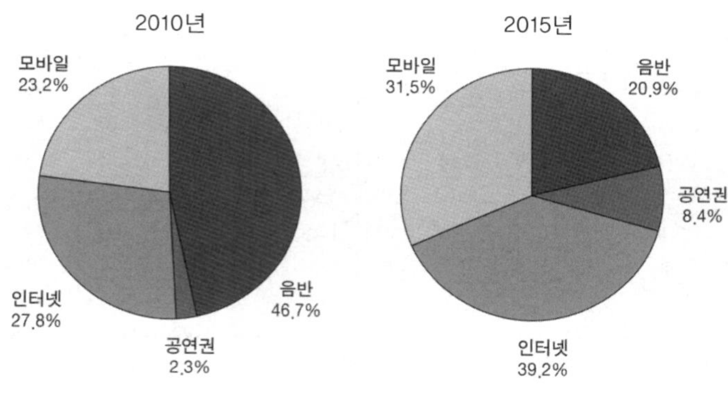

자료: 한국콘텐츠진흥원(2011)에서 재인용.

는 20%로 줄어들 것으로 보인다. 반면 공연권, 인터넷·모바일 시장 규모는 더욱 성장할 전망이다.

미국에서의 디지털 음원 판매는 인터넷 음원 다운로드, 인터넷 앨범 다운로드, 벨소리 구매, 정액제 서비스 등의 형태로 이루어지고 있으며, 인터넷 다운로드의 형태가 가장 큰 비중을 차지하고 있다. 또한 CD 음반을 구입하는 경우가 여전히 가장 많지만 이 수치는 해마다 감소하고 있으며, 디지털 다운로드 방식이 증가하고 있다. 최근 10년간 미국 소비자의 미디어 이용 변화를 살펴보면, 디지털 시장으로 유통의 중심이 옮겨가는 과정에서 기존의 음반 시장이 감소한 만큼 디지털 시장이 증가했다는 점이 주목할 만하다. 이는 음반 시장에서 디지털 시장으로 소비

〈그림 12〉 2009년 미국의 디지털 음악 판매 현황

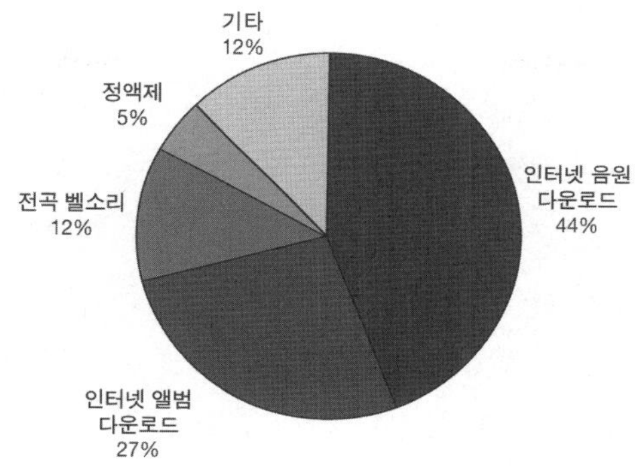

자료: IFPI(2010).

자들이 고스란히 이동했다는 것을 보여준다. 불법 파일 공유 및 다운로드 때문에 음악 시장의 규모가 감소하는 것과는 다른 양상이다. 이러한 현상이 나타나는 요인으로는 저작권에 대한 인식과 CD 미디어의 소장 가치에 대한 미국 소비자들의 건전한 인식이 제대로 정착되어 있다는 것을 들 수 있다.

미국에서의 앨범 마케팅 비용은 콘서트 투어나 지역 소매상점에서의 광고, 상점 내 상품 비치(디스플레이, 포스터, 티셔츠), 라디오와 텔레비전 광고, 언론에 제공하는 홍보용 제품과 관련이 있다. 아울러 수백 개에 달하는 라디오 방송국에 음원을 무료로 보낼 수도 있는데, 이 또한 저렴하지 않다. 마케팅 비용은 일반적인 아티스트의 경우 보통 10만 달러에 이르며, 대형 아티스트

의 경우 50만 달러에 달하기도 한다. 홍보는 대개 가장 영향력 있는 방송국에 집중되는데, 200~300개 정도 되는 이들 방송국은 빌보드 같은 예상 순위 차트와 업계지를 주시한다. 1960년대에는 업계에서 페이올라payola라고 불리는 뇌물을 방송국 매니저들과 담당 PD들에게 주기도 했다. 오늘날에는 방송국 담당자들에게 선물이나 감사의 표시로 줄 수 있는 액수와 빈도가 엄격하게 규제되고 있다(Vogel, 2010).

미국에서는 유니버설, 워너뮤직, EMI, 소니뮤직 등 4개 메이저 기업이 미국 전체 음악 시장의 약 87%를 점유하며 음악 산업을 주도했다. 그러나 2005년에 이르러 음반 시장은 14%가량 감소된 반면 디지털 음악 시장은 73% 증가하는 등 오프라인 음반 시장은 점차 위축되고 있는 실정이다. 이에 대형 음반 회사들은 음반 판매의 부진에 따른 수입 감소를 막기 위해서 불법 다운로드가 만연한 온라인 음악 시장에 대하여 저작권 보호를 위한 소송을 벌이며 강력히 대응하고 있다. 일례로 대형 음반 회사를 대변하는 미국음반협회인 RIAARecording Industry Association of America는 P2P 사이트에 음원을 올린 제이미 토머스라는 사람에게 불법 다운로드의 책임을 물어 소송을 걸었다. 미 법원은 토머스에게 노래 한 곡당 9,250달러씩, 모두 24개 곡에 대하여 총 22만 2,000달러의 벌금을 지불하라고 명령을 내린 바 있다.

그러나 법적 규제를 통하여 해결하려는 이 같은 노력에도 음악 시장의 디지털화에 따라 4대 제작사의 영향력은 점차 감소되고 있다. 구글과 유튜브 같은 엔터테인먼트형 웹사이트의 등장과 모바일 음악 산업의 영향력 강화로 인하여 기존의 대형 음반회사는 음악 산업에 대한 지배적 위치에서 서서히 물러나고 있다. 강력한 법으로 국가를 통치해온 미국의 역사에 비추어볼 때, 온라인 음악에 대한 저작권 보호 역시 세계 어느 나라보다도 강경한 조치가 취해질 것으로 보인다.

미국은 온라인과 모바일을 통한 디지털 음악 시장의 30%를 점유하고 있어 여전히 세계에서 가장 큰 음악 시장이다. 온라인 음악 서비스 업체인 냅스터와 랩소디는 미국 시장에서 구독subscription 서비스를 제공하고 있어 이 사업 부분에서도 미국 시장은 중요하다. 미국의 이동통신 서비스 사업자들은 제각기 다양한 음악 서비스 전략을 구사하고 있다. AT&T는 이뮤직eMusic, 냅스터와 협력 관계를 체결하여 가입자에게 음악 서비스를 제공하는 반면, 스프린트Sprint와 버라이즌Verizon은 자체 음악 서비스를 만들어 소비자에게 제공하고 있다.

휴대전화기의 벨소리mastertones가 여전히 모바일 음악 판매의 대부분을 차지하고 있지만, 앨범 전체를 다운로드하는 시장도 점차 커지고 있다. 아이폰iPhone은 아이튠즈 서비스를 제공하는데, 소비자들은 이를 이용해서 다양한 음악 파일을 검색할 수 있고 모바일 결제를 통하여 음악을 구매할 수 있다. 아마존은

DRM-free 음악을 파는 디지털 다운로드 상점을 열었고, 마이크로소프사는 애플의 아이팟에 대응하기 위하여 새롭게 개선된 준Zune 플레이어를 끊임없이 출시하고 있다. 또한 페이스북이나 마이스페이스와 같은 소셜 네트워크 사이트에서의 음악에 대한 수요도 점차 늘어나고 있다(IFPI, 2008).

2) 일본의 음악 산업 현황

2010년의 일본 음악 시장 규모는 36억 9,900만 달러였으며, 향후 5년간 연평균 -5.3%의 하락세를 보일 것으로 예상된다. 2010년의 통계를 세부적으로 보면, 오프라인 음반 시장이 25억 7,700만 달러, 공연권이 8,600만 달러였으며, 인터넷 시장은 5억 8,400만 달러, 모바일 시장은 4억 5,200만 달러다. 일본은 세계적으로 거대한 음반 시장을 가지고 있지만, 음반 시장의 판매 규모는 해를 거듭할수록 감소할 것으로 보인다. 이에 반하여 상대적으로 인터넷과 모바일 음악 시장의 규모는 크게 성장하지 않을 것으로 예상된다(한국콘텐츠진흥원, 2011).

2009년 일본의 디지털 음악 판매 현황을 살펴보면 모바일 음원 다운로드 비중이 54%를 차지하고 있는 것을 알 수 있다. 벨소리가 18%, 착신음이 11%로 그 뒤를 잇는다. 소비자 음반 이용 현황은 CD 구입률이 36.8%로 전년 대비 4.7%가 감소했고, 렌탈 서비스 이용률은 25.1%로 전년 대비 9.2%가 감소한 것으

〈표 10〉 일본 음악 시장 규모 추이(2007~2015년)

(단위: 백만 달러)

구분	2007	2008	2009	2010	2011	2012	2013	2014	2015
음반	3,701	3,554	2,991	2,577	2,267	2,029	1,824	1,652	1,435
공연권	78	80	87	86	87	88	90	90	91
디지털	723	907	972	1,036	1,101	1,157	1,207	1,252	1,292
인터넷	450	524	536	584	616	644	668	690	710
모바일	273	383	436	452	485	514	539	562	582
합계	4,502	4,541	4,050	3,699	3,455	3,275	3,120	2,994	2,819
전년 대비 성장률		0.9%	-10.8%	-8.7%	-6.6%	-5.2%	-4.7%	-4.0%	-5.9%

자료: 한국콘텐츠진흥원(2011)에서 재인용.

〈그림 13〉 2009년 일본의 디지털 음악 판매 현황

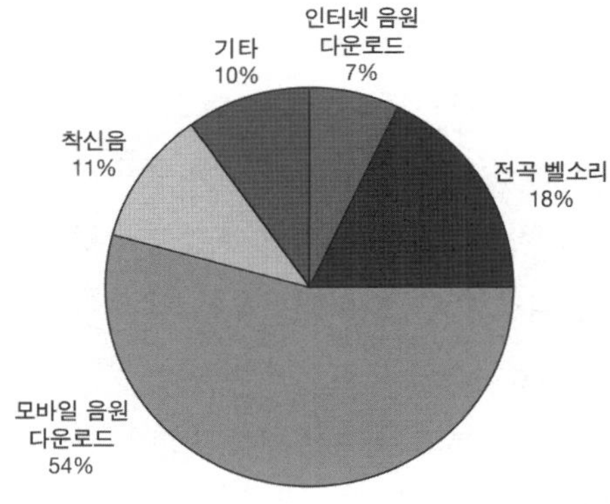

자료: IFPI(2010).

로 나타났다. 이에 반하여 인터넷을 통한 렌탈 또는 인터넷 다운로드 서비스의 매출 규모는 증가하는 것으로 조사되었다. 이는 음반 시장이 안정적인 일본 또한 디지털 음원 시장으로 중심이 이동하고 있음을 보여준다.

세계 모바일 음악 시장 중 일본은 북미와 유럽 지역에 비해서도 훨씬 규모가 큰 편이다. 일본레코드협회가 발표한 2009년 자료에 의하면, 일본 음악 시장의 디지털 시장 점유율은 모바일이 87%, 유선이 11%, 기타 2%였다. 디지털 시장 내에서 모바일이 차지하는 비율이 매우 높은 것이다. 세부적으로는 인터넷 다운로드 시장의 경우 전체 11% 중 싱글 트랙이 9%로 가장 높은 비중을 차지했고, 앨범은 1%로 오디오 형태의 콘텐츠가 대부분이었다. 모바일 시장의 경우에는 벨소리가 34%, 싱글 트랙은 31%, 통화연결음이 24%였다. 이를 매출액 측면에서 살펴보면 인터넷 다운로드 시장에서는 싱글 트랙이 7%, 앨범이 3%를 차지했으며, 모바일 콘텐츠 이용에서는 싱글 트랙이 54%로 가장 높고 벨소리가 18%, 통화연결음이 11%에 달했다. 온라인 음악 시장을 대표하는 스트리밍 서비스의 경우에는 1%에 머물러 있지만, 향후 일본의 온라인 시장 변화에 따라서 성장할 것으로 예상된다.

3) 유럽의 음악 산업 현황

2010년 기준으로 유럽 음악 시장 규모는 60억 6,000만 달러를 기록했다. 그러나 향후 5년 동안 꾸준하게 감소세를 이어가서 2015년에는 56억 8,600만 달러가 될 것으로 전망된다. 2010년의 통계를 세부적으로 보면, 오프라인 음반 시장은 44억 8,700만 달러, 공연권은 5억 4,400만 달러, 인터넷은 4,300만 달러, 모바일 시장은 4억 8,600만 달러였고, 이를 포함한 총 디지털 시장은 10억 2,900만 달러였다.

2010년부터 2015년까지의 연평균 성장률을 살펴보면, 음반 시장과 공연권은 감소, 디지털 시장의 규모는 성장할 것으로 예상된다. 유럽의 음악 시장은 미국의 시장에 비하여 음반 시장이 차지하는 비중이 높은 편이지만, 이는 해마다 점차 감소하는 것으로 나타났다.

유럽의 음악 시장은 권역별 기준에서 볼 때 가장 큰 시장 규모를 차지하고 있으며, 이 중 음반 시장의 비중이 74%를 차지할 정도로 높다는 특징이 있다. 또한 공연권의 비중도 9%로 높은 편에 속한다. 유럽은 미국에 비하여 디지털 시장보다 오프라인 음반 시장의 비중이 높은 편이지만, 앞으로 디지털 시장의 규모가 점차 커질 것으로 보인다.

유럽 음악 시장은 서유럽을 중심으로 이루어져 있다. 디지털 이용자 중 건당 다운로드 방식을 이용하는 사람의 수는 2,500만

〈표 11〉 유럽 음악 시장 규모 추이(2007~2015년)

(단위: 백만 달러)

구분	2007	2008	2009	2010	2011	2012	2013	2014	2015
음반	6,060	5,412	4,928	4,487	4,071	3,734	3,460	3,231	2,968
공연권	457	506	522	544	556	561	558	548	530
디지털	482	650	839	1,029	1,234	1,453	1,684	1,929	2,187
인터넷	300	376	463	543	623	703	783	863	943
모바일	182	275	376	486	612	750	902	1,066	1,245
합계	6,999	6,568	6,288	6,060	5,861	5,748	5,703	5,709	5,686
전년 대비 성장률		-6.2%	-4.3%	-3.6%	-3.3%	-1.9%	-0.8%	0.1%	-0.4%

자료: 한국콘텐츠진흥원(2011)에서 재인용.

명으로 추산되며, 주로 애플의 아이튠즈를 이용하는 것으로 알려졌다. 파일 공유는 미니노바mininova라는 서비스를 이용하는 비율이 매우 높은 것으로 나타났으며, 다운로드 서비스를 이용하는 사람의 수는 전체 6,000만 명에 이른다고 한다(한국콘텐츠진흥원, 2011). 스트리밍 서비스는 스포티파이와 같이 광고를 기반으로 하는 형태가 최근 많은 이용자를 끌어 모으고 있다. 온라인 라디오는 BBC 라디오를 중심으로 4,000만 명 정도 이용하고 있으며, SNS는 페이스북, 마이스페이스, 유튜브의 이용이 주를 이루고 있다. SNS 이용자의 증가로 인하여 다운로드 서비스보다 스트리밍 서비스 이용자의 수가 증가할 것으로 보인다.

4) 중국의 음악 산업 현황

한국콘텐츠진흥원(2011)의 발표에 의하면 2010년 중국 음악 시장의 규모는 8,500만 달러였으며, 향후 5년간 연평균 2.7%로 지속적으로 증가하여 2015년에는 9,700만 달러까지 기록할 것으로 예상된다. 2010년의 통계를 세부적으로 보면, 오프라인 음반 시장이 1,500만 달러, 공연권이 600만 달러였다. 또한 인터넷 시장은 3,600만 달러, 모바일 시장은 2,700만 달러로 전체 디지털 시장은 6,300만 달러로 기록되었다. 2005년부터 2015년까지의 중국 음악 시장 연평균 성장률은 -21.8%로 꾸준히 감소할 것으로 보이며, 공연권과 디지털 시장의 규모는 5%대의 성장률을 보일 것으로 예상된다.

〈표 12〉 중국 음악 시장 규모 추이(2007~2015년)

(단위: 백만 달러)

구분	2007	2008	2009	2010	2011	2012	2013	2014	2015
음반	42	32	19	15	12	9	7	6	4
공연권	4	5	5	6	7	7	8	8	8
디지털	35	52	56	64	69	73	77	81	84
인터넷	22	30	31	36	39	42	44	46	48
모바일	13	22	25	27	29	31	33	35	36
합계	81	90	80	85	87	90	92	95	97
전년 대비 성장률		10.4%	-10.4%	5.5%	3.0%	3.0%	2.8%	2.7%	2.2%

자료: 한국콘텐츠진흥원(2011)에서 재인용.

분야별 현황을 살펴보면 중국의 디지털 시장은 2006년 이후 급상승하고 있는 것으로 나타났으며, 향후 5년간은 지금까지의 증가세보다도 더욱 빠르게 증가할 것으로 예상된다. 이는 인터넷 보급과 스마트폰 이용이 증가할 것이라는 전망에 따른 것이다. 그리고 무엇보다도 온라인 시장의 성장을 저해하는 요인이었던 불법 다운로드 및 파일 공유 문제를 합법적인 이용 형태로 바꾸어나갈 것이라는 기대가 반영된 것이다.

분야별 시장 규모를 살펴보면 2010년에는 인터넷 시장이 43.1%로 가장 큰 비중을 차지했고, 다음으로 모바일 시장은 31.9%, 음반 시장은 17.4%, 공연권은 7.6%를 차지하는 것으로 나타났다. 2015년까지 전체 시장 규모는 점차 증가할 것으로 보이며, 그중 인터넷 시장은 49.4%, 모바일 시장은 37.4%로 성장할 것으로 전망된다. 중국은 일본과 달리 인터넷 시장과 모바일 시장의 비율이 매우 높은 편이며, 음반 시장 비율은 매우 낮다.

2009년 중국의 디지털 음악 판매 현황을 살펴보면 착신음이 44%로 가장 큰 비중을 차지하며, 인터넷 및 모바일 다운로드 비중이나 스트리밍 서비스 비중은 비슷하다(〈그림 14〉 참조). 중국은 인터넷 음원 다운로드의 비율보다 착신음이 디지털 음악 판매에서 높은 비중을 차지한다는 특징이 있다.

중국의 인터넷 컨설팅 조사 업체인 아이리서치iResearch가 발

〈그림 14〉 2009년 중국의 디지털 음악 판매 현황

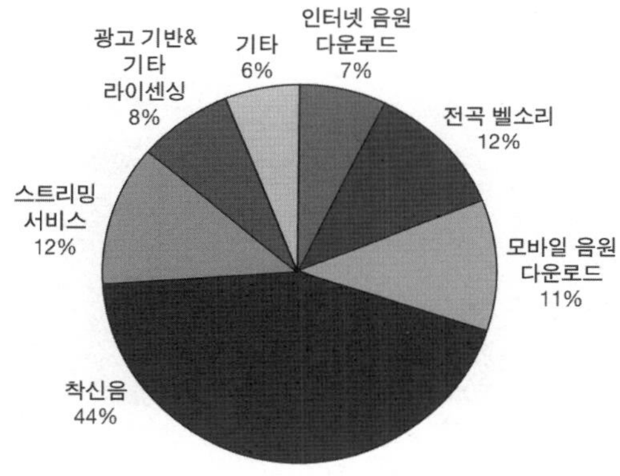

자료: IFPI(2010).

표한 연구보고서에 따르면, 중국의 디지털 음악 시장 규모는 지속적인 성장세를 유지하여 2007년에는 15.2억 위안, 2008년에는 16.5억 위안, 2009년에는 17.9억 위안에 달할 것이며, 2011년에는 21.5억 위안에 이를 것으로 전망되었다(iResearch, 2009). 디지털 음악 시장의 증가율은 〈그림 15〉와 같다. 통계에 따르면 2010~2011년에 중국의 디지털 음악의 시장 규모가 서서히 증가하는 태세가 나타나, 2011년에는 21.5억 위안까지 이르렀다.

중국은 모바일 콘텐츠 소비 성향에서 음악 감상의 비중이 미국이나 유럽에 비하여 현저히 높았으며, 게임 소비 성향은 큰 차이가 나지 않고, 비디오 감상은 다른 나라보다 비중이 적은 것으

〈그림 15〉 2007~2011년 중국 디지털 음악 산업 추이

(단위: 억 위안)

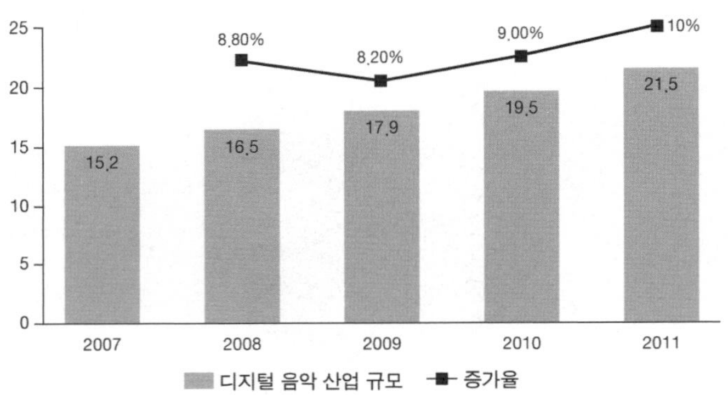

자료: 2009~2010년 중국 디지털음악산업 발전보고서 정리.

로 조사되었다. 중국은 디지털 음악 중 모바일 음악의 비중이 73%로, 일본 다음으로 높은 수준을 보이고 있다. 중국 시장에서 모바일 음악의 비중이 높은 것은 아직 광대역 통신망의 보급이 부족한 것이 원인 중 하나로 지적되고 있다(고정민, 2009: 240).

2010년 중국의 음악 시장은 온라인 시장의 비중이 매우 큰 것으로 나타났는데, 주로 광고를 기반으로 하는 무료 다운로드 유통이 대부분인 것으로 알려졌다. 이는 일본이 디지털 음원 구매를 통하여 정규 앨범이나 싱글 앨범을 이용하는 것과는 매우 다른 양상이다. 중국에서의 인터넷 음악 이용은 바이두baidu라는 검색 사이트를 통해서 얻을 수 있는 해적판 디지털 음원이 큰 비

중을 차지하고 있으며, 이러한 불법 다운로드를 막기 위한 노력이 정부 차원에서 시도되어왔다. 2009년 9월 이후 중국 정부 문화부는 음악 검색을 규제하는 인터넷상 음악 콘텐츠 심사작업 강화에 관한 통지를 통해서 해적판 음악 파일을 검색하지 못하도록 규제하고 있다. 하지만 여전히 해외 콘텐츠를 소유한 외국 기업들의 저작권은 보호받지 못하고 있다.

2. 국내 음악 산업 현황

체계적인 기획과 1990년대의 경제적 풍요 속에서 큰 성장세를 보이던 국내 음반 산업은 2000년 4,014억 원의 규모를 정점으로 급격한 하강 곡선을 그리며 감소했다. 음반 판매량의 축소에는 여러 가지 원인이 있겠으나 그 중심에 MP3의 등장이 있다. MP3는 음악 파일을 압축하여 저장하는 기술로, MP3를 이용하여 노래를 압축하면 CD의 10분 1인 3MB로 용량이 작아지며, 용량이 작아지는데도 일반인이 듣기에는 음질의 차이가 없다. 또한 작은 재생기기를 이용하여 엄청난 분량의 곡을 저장할 수 있어서, 포터블portable의 측면에서 그 편리함은 지금까지의 어떤 기기와도 비교할 수 없는 수준이다. 실제로 음반 판매량이 감소하기 시작한 2001년부터 MP3를 이용한 디지털 음악 산업은 크게 성장하고 있다.

이와 같은 추세는 한국만의 상황이 아니라 전 세계적인 경향이기는 하나, 디지털 강국인 한국 시장에서 디지털 음반의 비중은 60% 정도에 이를 만큼 빠르게 증가하고 있다(www.iita.re.kr). 온라인 음반 시장은 2003년에 오프라인 음반 시장의 규모를 넘어섰으며, 2005년에는 싸이월드 배경음악 판매량이 1억 곡을 넘었고, 2006년에는 1억 6,000곡, 즉 매일 평균 20만 건의 배경음악이 판매되었다. 이는 애플 아이팟의 뒤를 이어 세계에서 두 번째로 디지털 음원 판매 1억 곡을 돌파한 기록이다(허미선, 2007a: 23).

그러나 오프라인에서 온라인으로 음악 산업의 무게 중심이 이동하면서 그 주체는 크게 바뀌었다. 실물 음반 산업에서의 주체가 음반 제작사와 기획사였다면, 디지털 음악 산업에서는 벨소리 등 음원을 가공하여 판매하는 음원 가공업과 다운로드, 스트리밍 등을 제공하는 음악 서비스업이 중심이 되고 있다.

음악 산업의 전체 규모에는 큰 변화가 없으나 음반 제작사의 수익이 급감하고 있는 현 상황은 결국 콘텐츠의 부실로 이어진다. 소위 '팔릴 만한' 음반만을 제작하거나 혹은 성공한 음반들을 재구성한 컴필레이션 음반 등 수익이 보장된 콘텐츠만이 생산되고, 위험 부담이 큰 신인 아티스트는 기회가 더욱 적어진다. 이와 같은 콘텐츠의 부실은 향후 음악 산업 전체의 몰락으로 이어

〈표 13〉 온라인 음악 유통업 소분류별 매출액 현황

소분류	매출액(백만 원)			비중 (%)	전년 대비 증감률(%)	연평균 증감률(%)
	2007년	2008년	2009년			
모바일 음악 서비스업	103,170	87,650	76,502	13.4	-12.7	-13.9
인터넷 음악 서비스업	166,756	253,082	359,969	63.2	42.2	46.9
음원 대리 중개업	18,519	39,671	60,331	1.6	52.1	80.5
인터넷·모바일 음악 콘텐츠 제작 및 제공업(CP)	139,204	146,042	72,799	12.8	-50.2	-27.7
소계	427,649	526,445	569,601	100.0	8.2	15.4

자료: 한국콘텐츠진흥원(2011: 142).

질 위험이 있다. CD에서 MP3로 그 판매 방식이 전환되고 있는 작금의 음반 산업에서는 과거와 같이 음반 한 장의 성공으로 큰 이익을 기대할 수 없다. 그렇다면 음반을 통한 수익 창출보다는 공연이나 영화, 드라마, 게임 등과의 연계를 통한 수익의 확대가 필요하다.

2011년의 한국 음악 산업은 온라인 시장이 지배적이다. 한국콘텐츠진흥원(2011)에 따르면, 2010년 온라인 음악 유통업의 매출은 총 6,222억 원이었으며, 일반 음반 도소매업의 매출은 1,298억 원이었다. 온라인 음악 시장이 전체 음악 시장의 80%를 차지하고 있는 것이다. 이러한 온라인 음악 시장의 강세는 앞으로도 계속될 전망이어서, 음악 산업이라는 말이 곧 온라인 음악 산업을 뜻하게 될지도 모른다.

앞서 말했듯이 국내 온라인 음악 시장 내에서는 SK텔레콤 계열사인 로엔엔터테인먼트의 멜론이 시장 점유율 47%로 1위를 기록하고 있다. 한 달에 3,000원만 내면 인터넷에 접속해서 무제한으로 음악을 들을 수 있다. 7,000원을 내면 무제한 음악 이용과 더불어 휴대전화나 PC에 40곡의 노래를 다운로드할 수 있으며, SK텔레콤 이용자에게는 절반의 이용료만 받는다. 시장 점유율 2위는 CJE&M의 엠넷으로 서비스 이용과 가격은 멜론과 유사하다. 엠넷은 케이블 채널을 기반으로 쌓은 인지도와 〈슈퍼스타K〉와 같은 방송 프로그램을 통한 콘텐츠 활용을 내세워서 순위를 높였다. 그 뒤를 이어 네오위즈인터넷의 벅스뮤직, KT의 올레뮤직이 3, 4위를 기록했고, 소리바다는 5위를 차지하고 있다.

온라인 음악 시장은 스마트폰의 보급으로 더욱 급성장하고 있다. 멜론의 로엔엔터테인먼트의 2010년 매출액은 1,389억 원으로 전년 대비 37% 증가했는데, 이는 스마트폰 이용자 수가 늘어나면서 유료 음악서비스 이용자가 증가했기 때문으로 보인다.

3. 디지털 음악 시장의 성장과 경제적 가치

음악 산업의 성장은 음악 시장의 규모를 키우는 것을 말한다. 음악 시장은 음반을 의미하는 피지컬physical 시장, 음원 형태의 디지털 시장, 그리고 공연권 시장으로 그 영역을 구분한다. 각 영역의 시장 규모는 전체적인 음악 시장의 규모와 별개로 확장되거나 위축되는 양상을 보인다.

피지컬 유형의 음반 판매는 오디오 형식(싱글, LP, 카세트, CD, DVD, 미니디스크)과 뮤직비디오 형식(DVD, VHS, VCD)의 상품을 포함한다. 디지털 판매는 온라인과 모바일 등을 이용하여 이루어지는 것을 말한다. 온라인 판매는 싱글 트랙, 앨범 다운로드, 뮤직비디오 다운로드, 스트리밍 서비스 등을 일컬으며, 모바일 음악 판매는 이와 같은 서비스에 더하여 통화연결음, 벨소리 등을 포함한다.

행위 권리performance rights는 음반 회사가 다른 미디어나 기타 사업에 음악을 사용할 권리를 부여하는 것인데, 예를 들어 라디오나 텔레비전 방송 프로그램, 또는 나이트클럽이나 술집, 음식점, 호텔 등에서 어떤 음악을 사용할 경우에는 반드시 정당한 대가를 지불해야 한다. 음반 회사는 이러한 권리의 행사를 통해서 수익을 얻는다. 〈표 14〉는 전통적인 음반 매체의 수익 하락과 반비례하여 디지털과 행위 권리에 대한 수익이 증가하고 있음을

〈표 14〉 2010년 산업별 디지털 콘텐츠 수익률

산업 구분	수익률
게임	39%
음악	29%
신문	4%
책	2%
영화	1%

자료: PWC Global Entertainment and Media Outlook and IFPI(2011: 12).

보여준다.

음반 시장이 음원 시장으로 전환되는 과도기에 있는 현재, 음반 제작비는 뮤직비디오와 각종 홍보비를 포함하여 물가 상승에 따라 크게 올라 있는 상태다. 음반의 판매 수익이 제작 비용에 훨씬 못 미치는 상황에서 실물 음반 제작은 제작사들의 커다란 두통거리가 아닐 수 없다.

전통적인 음반 생산 방식에서는 음원 제작자가 부담하는 물류 및 유통 비용이 매우 많다. 만일 오프라인으로 판매할 CD를 제작하지 않고 디지털 음원만을 제작한다면 재킷 디자인, 임가공비, 인쇄비 등의 제작비가 발생하지 않거나 감소되며, 사무실 역시 더욱 작은 규모로 운영할 수 있으므로 운영비는 50%가량 줄어들 수 있다.

한편 CD에 수록된 곡들 중 타이틀 곡은 특별히 뮤직비디오를 제작하는 등 홍보비가 많이 투여된다. 타이틀 곡만을 마케팅하는 종래의 마케팅 과정에 준하여 온라인 가격을 산정한다면, 제작비의 총액을 일정 부분으로 나누었을 때 곡당 원가가 산출된다. 디지털 음원이 곡당 판매를 기본으로 한다는 사실에 근거하여 모든 곡을 타이틀 곡과 똑같은 비중으로 제작한다고 가정하면 그 원가는 상당히 높아진다.

곡당 판매가 기본이 되는 디지털 음원만을 제작하는 경우 10곡 남짓 수록된 정식 앨범보다는 디지털 싱글이나 미니 앨범 등 2~5곡 정도만을 제작하는 것이 보통이다. 또한 모든 곡을 타이틀 곡과 동일하게 마케팅하는 경우는 없다. 통상적으로 뮤직비디오는 타이틀 곡에 한하여 제작되며, 반응이 좋으면 이어서 후속곡의 뮤직비디오를 제작하기도 한다.

아이돌 그룹의 앨범 한 장당 원가는 7,200원으로 계산된다. 2007년 최고의 히트 앨범이었던 원더걸스의 「텔미」가 5만 장가량 팔린 것을 생각하면, 판매 가격을 1만 2,000원이라 할 때 겨우 손해를 면한 수준이다. 결국 현재 상황에서 음반 산업의 수익성은 마이너스를 기록하지 않으면 다행이라 할 수 있다.

디지털 음원의 원가는 실물 CD와 계산 방식이 좀 다르다. 디지털 음원은 일정한 분량을 제작하는 실물 CD와는 달리 제작 후 복제 비용이 들지 않는다. 즉, 곡당 원가 계산이 불가능하며 손익분기점을 넘는 수준부터 수익이 생기는 것으로 간주될 수

〈표 15〉 각국 저작인접권 배분 구조

국가	권리자 이익
미국	35~55%
일본	60~70%
영국	50%
중국	40% 내외
한국	25~30%

자료: 김성근(2007: 67).

있다. 오프라인에서의 제작 비용을 제외한 디지털 음원의 제작비는 4억 6,000만 원이다. 디지털 음원의 다운로드 가격을 600원이라 할 때 80만 회 다운로드되어야 4억 8,000만 원에 달하는 판매수익을 올릴 수 있다. 휴대전화기의 벨소리, 통화연결음과 블로그의 배경음악을 포함하더라도 80만 회 다운로드를 달성하기란 쉬운 일이 아니다.

음원 제작 단계에서 곡비를 선지급 받은 작곡가, 작사가는 음원이 판매될 때마다 8%가량의 수익금을 받으며, 유통을 담당하는 이동통신사나 음악 사이트에게는 40~50% 정도의 수익금이 돌아간다. 이에 비해서 음원 제작 전반을 고스란히 담당하는 제작사는 너무 낮은 비율의 수익금을 받고 있다. 이동통신사나 음악 사이트도 음원 가공, 사이트 유지 등으로 사업비가 들겠으나, 유통 마진이 50%에 달한다는 것은 결국 콘텐츠의 질 저하와 비합리적인 소비자 가격을 발생시키는 결과로 이어진다. 〈표 15〉를 보면 알 수 있듯이 한국의 제작사 배분 요율은 미국, 일본 등 외국에 비하여 낮다.

그렇다고 음원의 가격을 올린다는 것은 어려운 일이다. 제작자는 제작비에 이윤을 더하여 상품 가격을 책정하려고 하지만, 소비자는 상품의 효용 가치에 적합한 가격을 원한다. 변대호(2008)는 소비자들이 음원을 구매하는 것과 관련하여 접근성, 이동성, 휴대 용이성, 즐거움, 스트레스 해소라는 다섯 가지 항목으로 음악 서비스가 소비자에게 주는 혜택과 비용의 효용성을 연구했다. 그 결과 MP3 파일 다운로드는 벨소리와 통화연결음에 비하여 요금 지불에 대한 부담감은 크고 효용성은 떨어지는 것으로 나타났다. 이는 일반적으로 벨소리나 통화연결음은 여러 개를 동시에 구매하기보다 하나를 구매하여 사용하다가 다시 새로운 음악을 구매하는 데 비하여, 파일 다운로드는 한 번에 여러 곡을 다운로드받는 경우가 많기 때문이다(변대호, 2008). 파일 다운로드의 효용성은 가격이 350원일 때 가장 높다. 즉, 소비자들이 적당하다고 느끼는 파일 다운로드의 가격은 350원이라는 것이다.

이와 같은 상황에서 음원의 판매 가격 상승은 불법 다운로드를 부추기는 형상이 될 수 있다. 소비자의 효용성을 높이기 위해서는 접근성·이동성·즐거움 등의 만족도가 더 높아져야 하며, 자사의 이익을 위하여 무턱대고 가격을 올리기보다는 소비자가 더욱 사용하기 편리하고 만족할 수 있는 서비스가 제공되어야 한다.

Track 05
음악 산업의 도전

1. 인터넷 저작권 침해Internet Piracy

저작권의 기원은 17세기 영국으로 거슬러 올라간다. 인쇄 기술이 발명되기 전인 15세기에는 무단 복제의 책임이 저자에게 있었다. 그러던 것이 인쇄 기술이 도입된 후 발행사가 유통 규제의 대상이 되었고, 오늘날과 같이 출판사 이름, 도시, 날짜를 명시해야 했다(Varian, 2005). 주목해야 할 점은 이러한 저작권과 자본주의의 기원이 모두 영국에서부터 비롯된다는 점이다. 즉, 무단 복제나 아이디어 도용이 비교적 용이한 지적재산권 상품이 자본주의 체제하에서 제대로 기능하기 위해서는 이를 규제하는 권리와 시장이 제공되어야 하는 것이다.

P2P 네트워크를 통한 음악 다운로드는 파일 공유 방식이기

때문에 소비자가 음악에 대한 비용을 지불하지 않는다. 이는 정당한 대가를 지불하지 않고 음악과 같은 정보 상품을 소비하는 행위로, 저작권 또는 지적재산권 침해에 해당한다고 볼 수 있다. 특히 디지털 저작권 침해는 음악이 소비자에게 전달되는 수단이 CD, DVD 같은 유형적 매체를 통하여 이루어지는 것이 아닌, 무형의 매체를 통하여 저작권 침해가 이루어지는 일련의 행위를 의미한다. OECD(2009) 보고서의 정의에 따르면, 디지털 저작권 침해는 오직 인터넷과 P2P 네트워크, 모바일 네트워크상에서 이루어지는 행위를 일컫는다. 저작권은 법적 권리이며 대체로 국가마다 고유한 저작권법이 존재하고 있으나, 선진국의 경우 법을 적용하는 대상과 범위가 매우 유사하다. 디지털 저작권 침해에 대처하여 음반 회사나 음반 회사를 대표하는 협회 등은 법적·기술적 대응책을 강구하고 있다.

1) 법적 대응

음악 저작권 침해에 대한 법적 대응으로 가장 유명한 사례는 냅스터다. 선구적인 파일 공유 회사인 냅스터사가 설립되고 난 바로 다음 해인 1999년, 미국음반협회는 냅스터를 저작권 침해 혐의로 고소했다. 재판부는 냅스터 사용이 음악 시장에 크게 두 가지 피해를 끼쳤다고 판결했다. 첫째는 CD 판매 손실이었고, 둘째는 온라인 유통 시장의 진입 장벽을 높였다는 것이었다. 또한 컴퓨터와 인터넷을 이용하여 허가되지 않은 MP3 음악 파일을 내려받는 사용자 역시 이러한 저작권 침해 책임에서 자유로울 수 없다고 판결했다.

2003년에 미국음반협회는 P2P 네트워크에 MP3 파일을 업로드하는 기능을 제공하는 사이트인 카자KaZaA 역시 저작권 위반으로 고소했다. 카자는 냅스터가 사라진 이후 가장 큰 영향력을 발휘한 P2P 네트워크였으며, 냅스터와 달리 분산형 구조를 통하여 음악 파일을 유통시켰다. 따라서 카자는 그들이 저작권 침해에 관한 책임이 없다고 주장했는데, 그 근거는 자신들을 하나의 인터넷 서비스 사업자ISP로 간주해야 한다는 것이었다. 2003년 여름, 미국음반협회는 카자 사이트를 이용하는 개인 파일 교환자를 대상으로 대규모 소송을 진행했다. 일각에서는 음반 시장의 궁극적이며 잠재적인 현재 고객을 대상으로 이러한 소송을 진행하는 것은 매우 위험한 발상이라고 우려하기도 했다. 미국음반협회가 제기한 2,500여 건의 개인 사용자에 대한 소송 대부분은 약식으로 벌금 3,000달러씩이 부과되었다.

이러한 협회의 노력 때문인지 2003년 중반에는 P2P 네트워크 사용자가 15~50% 가까이 줄어드는 성과가 나타났다. 그러나 이용자 대부분이 카자 소프트웨어 사용을 그만두는 대신 비토런트BitTorrent와 같이 상대적으로 알려지지 않은 파일 공유 프로그램으로 옮겨 가는 양상을 보였다. 이는 법적 대응만으로는 기술적 진보에 의하여 생성된 새로운 온라인 음반 유통에 대하여 효과적으로 대처하기 힘들다는 것을 반증하고 있다. 따라서 기존의 음반 회사와 협회는 법적 대응과 아울러 기술적 대응을 도모해나가는데, 그 대표적인 것이 DRMDigital Rights Management 기술의 도입이다.

2) 기술적 대응

(1) 디지털 저작권 관리DRM

DRM은 저작권이 설정되어 있는 정보 상품에 설치되어 불법 사용을 감시하는 소프트웨어를 말한다. 디지털로 압축된 음악 파일의 저작권 문제를 기술적으로 해결한 DRM 방식은 디지털 콘텐츠의 적법한 유통을 향한 새로운 길을 열었다는 점에서 의의가 있다. DRM은 복제 방지, 디지털 파일 인식 기능이 있는 워터마킹watermarking, 파일을 고유 인식 넘버로 전환하는 핑거프린팅fingerprinting, 증명, 그리고 접근 통제 기능 등으로 이루어져 있다.

CD에 DRM을 심는 것은 소비자들로부터 그리 환영받지 못했다. 합법적으로 구매한 CD 음반이라고 할지라도 구형 스테레오나 자동차에서 제대로 작동하지 않았기 때문이다. 이는 DRM의 디지털 파일 형식 적용에서도 유사한 문제점을 드러냈다. 합법적으로 구매한 디지털 음악 파일을 무선 오디오 수신기나 비디오 편집 소프트웨어에 입력시켰을 때 제대로 작동하지 않는 경우가 빈번했다. DRM 역시 회사마다 고유한 기술적 특성을 지녔는데 이들을 간략히 살펴보면 다음과 같다.

(2) 아이튠즈

애플의 아이튠즈 서비스는 페어플레이FairPlay DRM 방식을 가미한 AACAdvanced Audio Coding 플랫폼을 사용하고 있다. 사용자는 음악 파일을 CD에 7회 구울 수 있고, 컴퓨터로 5회 옮길 수 있다. 사용자는 그들이 새로운 컴퓨터를 살 때나 구형 컴퓨터를 되팔 때 아이튠즈 사용을 정지시켜야 한다. 아이튠즈 사용자들은 다른 커뮤니티 멤버들에게 자신의 음악 목록을 제공할 수 있고 음악을 선물할 수도 있다. 애플의 아이팟은 MP3 음악 파일 형식과도 호환이 가능하다. 고유의 DRM 기술을 이용한 선점 효과first-mover advantages를 통하여 애플은 보완 상품인 아이팟 판매 증대에 커다란 효과를 거두었다. 아이튠즈를 통하여 수익을 얻기보다는 아이팟 판매를 통하여 매출을 크게 달성했다고 발표한 바도 있다.

(3) 마이크로소프트

마이크로소프트 역시 고유의 DRM 방식을 개발했다. 그들의 첫 번째 DRM 저작권 보호 프로그램은 윈도 미디어 오디오Windows Media Audio: WMA 음악 형식에 처음으로 실시되었는데, 애플의 DRM 정책과 마찬가지로 CD 굽기burning의 횟수를 제한하고 데스크탑 컴퓨터로의 이동을 제한했다. 최근의 DRM 방식은 야누스Janus인데, 이 역시 음악 파일의 사용을 제한하고 있다. 반면 가입 서비스에 바탕을 둔 수익 모델은 컴퓨터나 이동식 플레이어에 대한 파일 사용 수를 규제하지 않고 있는데, 이는 비즈니스 전략의 측면에서 빌리는 것과 구매하는 것의 선택적 문제로 귀결된다.

(4) 월마트

월마트walmart는 마이크로소프트의 WMA 형식으로 된 음악 파일을 팔고 있다. 사용자는 음악 파일을 구매한 날로부터 90일 이내에 다운로드해야 하고, 120일 이내에 재생해야 한다. 다운로드한 음악 파일은 CD에 10회 저장할 수 있고, 이동 기기에 옮기는 것은 제한이 없다. 다운로드한 컴퓨터는 물론 다른 두 컴퓨터에 여분의 파일을 보전back-up시킬 수 있다. 음악 파일을 되팔 수는 없으며 친구에게 선물로 줄 수도 없다. 이러한 일련의 규제 방침은 이 사이트에서 제공되는 모든 음악 파일에 적용된다.

(5) 소니

2004년 5월, 소니는 커넥트 스토어Connect stores라는 자사의 고유 음악 다운로드 서비스를 시작했다. 소니는 ATRAC3 형식을 채택하고 오픈MGOpenMG와 매직게이트MagicGate DRM 기술을 개발했다. 이 기술은 자사 고유의 포터블 CD 플레이어와 디지털 플레이어에 대부분 적용되었다. 소니는 가장 엄격한 파일 운영 규제를 실시하고 있는데, 컴퓨터 파일 이동은 단 한 번으로 제한하고 있다.

소니는 음악 파일에 대한 사용 제한을 개별 아티스트와 앨범에 맡겼다. 음악 다운로드는 단지 소니의 소닉스테이지Sonic Stage 소프트웨어와 오픈MG, 매직게이트 DRM을 사용하는 기기만 호환이 가능했다. 더욱이 소니사의 휴대용 플레이어는 MP3 파일 표준을 채택하지 않았다. 그러나 소니는 장차 그들의 휴대용 플레이어 기기에서 MP3 파일이 재생될 수 있도록 할 것임을 분명히 했다. 몇몇 산업 분석가들은 소니의 커넥트 스토어를 애플의 아이팟이나 여타 MP3 플레이어와 대적하여 자사의 기기 매출을 신장시키려는 노력의 일환으로 보기도 한다. 그러나 애플의 아이팟이 선점 효과를 누리며 전 세계적 성공을 거두고 있는 상황에서 소니의 도전이 쉽지만은 않은 형국이다.

국제음반산업협회의 추산에 따르면, 전 세계에서 유통되는 음악의 95%가 정당한 대가를 아티스트나 음반 회사에 지불하지 않고 소비되고 있다. 미국, 유럽, 호주를 대상으로 한 설문 조사에 의하면 미래의 주요한 음악 소비자들, 즉 10대들은 대부분 불법 다운로드 음악을 즐기고 있는 것으로 나타났다. 합법적인 경로를 통하여 음악을 소비하는 것보다 불법 다운로드 음악을 소비하는 비율이 3배 이상이었다. 음악 산업이 직면하고 있는 가장 큰 고민은 허가되지 않은 공짜 음악이 여전히 인터넷 환경을 지배하고 있는 상황에서, 어떻게 하면 이를 수익 모델로 전환시킬 수 있을까 하는 것이다(IFPI, 2009).

3) 국제 협력

인터넷을 기반으로 한 불법 다운로드와 파일 공유는 이미 국경을 넘어 전 세계에서 동시다발적으로 일어나고 있다. 따라서 디지털 저작권 침해 행위를 근절하기 위해선 국제적인 협력이 필수적이다. 저작권 강화에 관한 가장 확실한 국제 협력의 예는 인터폴Interpol, 국제형사경찰기구이다. 인터폴은 지적 재산권 범죄를 전담하는 기구Interpol Intellectual Property Crime Action Group: IIPCAG를 만들었는데, 이 기구에는 각국 대표, 세관 기구, 국제 협력 기구 및 협회 등 다양한 단체가 참여하고 있다. 인터폴과 IIPCAG는 지적재산권 범죄에 대한 데이터베이스를 만들어 자료를 공유하고 있다. 인터폴은 또한 저작권 침해를 전문적으로 다루는 세계관세기구World Customs Organization: WCO와 양해각서Memorandum of

Understanding: MOU를 체결하여 앞으로의 협력을 다짐했다(OECD, 2009).

다른 국제기구 역시 구속력은 없지만 디지털 저작권 침해에 대하여 공동으로 대응해나가고 있다. 유네스코UNESCO는 국제 저작권 위원회를 설립하여 정기적으로 저작권 관련 이슈를 논의하고 있으며, 세계지적재산권기구World Intellectual Property Organization: WIPO는 엄격한 법 집행에 관한 논의를 지속적으로 전개해나가고 있다.

저작권 국제 협력에 대한 논의가 활발히 진행되는 가운데 지난 2008년 6월 서울에서 개최된 '인터넷 경제의 미래에 관한 OECD 장관회의'의 선언은 두 가지 중요한 의의를 지닌다. 첫째는 디지털 저작권 침해에 대항하는 국제 협력은 혁신적 관점에서 생산자와 저작권자에게 창작 동기를 유발하고, 소비자와 생산자 모두가 만족할 수 있는 환경을 제공해야 한다는 점에 의견이 일치되었다는 것이다. 둘째는 생산자와 소비자의 권리를 인정하는 새로운 인터넷 기반의 음악 비즈니스 모델을 장려해야 한다고 뜻을 모은 것이다.

4) 인터넷 서비스 사업자ISPs와 정부의 협력

인터넷 서비스 사업자는 온라인에서 유통되는 음악을 비롯한 여타 디지털 콘텐츠를 보호하는 데 중요한 역할을 담당할 수 있다. 음악 산업 단체들은 2005년에 처음으로 인터넷 서비스 사업자가 저작권 보호에 대한 상당 부분의 책임을 져야 한다는 의견을 피력했다. 3년이 지난 2008년, 다양한 국가가 인터넷 서비스 사업자와의 저작권 보호 협력을 고려하기 시작했다. 그 예로 프랑스와 영국 정부는 인터넷 사업자가 그들의 네트워크에서 벌어지는 저작권 침해 행위에 대한 감시를 강화해야 한다는 규정을 신설했다.

프랑스 정부는 인터넷 서비스 사업자가 합법적인 음악 소비를 촉진하고, 디지털 저작권 침해 행위를 방지해야 한다는 법안을 상정하고 있다. 새로운 「창작과 인터넷법Creation and Internet Law」은 인터넷 서비스 사업자가 저작권 침해자를 대상으로 저작권에 관한 내용을 교육하고, 저작권 위반 시 그 불이익에 대하여 경고할 의무가 있다고 규정하는 한편, 최악의 경우 1~12개월 동안 인터넷 접속을 끊을 수 있는 권리를 부여하고 있다. 프랑스 정부는 이와 같은 법적 조치가 실제적인 효과를 거둘 것으로 기대하고 있다. 프랑스 음악 산업 관계자들 역시 이러한 법률 초안이 프랑스 음악 산업의 미래에 필수적이라며 열렬히 환영하고 있다.

영국 정부는 2008년 7월에 6개 인터넷 서비스 사업자와 양해각서를 체결하여 불법 파일 공유와 다운로드를 근절하는 데 협력하기로 결의했다. 또한 인터넷 저작권 침해를 다루기 위한 협의체를 구성하기로 합의했는데, 새로운 비즈니스 모델, 공중 교육, 그리고 저작권 침해 행위에 대한 엄격한 법 집행을 3대 원칙으로 제시했다. 영국의 각 인터넷 서비스 사업자는 2008년 10월부터 불법으로 음악을 다운로드하는 수천 명의 인터넷 이용자를 대상으로 경고 편지를 보냈다.

프랑스와 영국의 이 같은 협력 사례는 많은 유럽 국가의 주목을 받았다. 이탈리아는 이 두 국가의 사례를 좇아 2008년 12월에 인터넷 서비스 사업자와 저작권 침해를 근절하기 위하여 협력하기로 결정했다. 이 같은 정부와 인터넷 사업자와의 협력 관계는 미국, 뉴질랜드, 호주, 일본, 홍콩, 벨기에, 덴마크 등 여러 나라로 확산되고 있다(IFPI, 2009).

5) 교육 캠페인

2008년 미국의 메이저 음반 회사는 전 세계 음악 소비자를 대상으로 70여 개가 넘는 합법적 음악 사용 캠페인을 전개해나갔다. 이러한 캠페인은 텔레비전 광고, 다큐멘터리, 인터넷 사용료 통지에 첨부된 팸플릿, 대학에서의 난상 토론, 스쿨 밴드 투어, 디지털 뮤직 웹 포털 등 매우 다양한 커뮤니케이션 채널을 통하여 이루어졌다. 특히 부모와 교사를 대상으로 한 교육 프로그램은 효과가 클 것으로 기대되었다. 캐나다에서 이루어진 한 설문조사 결과, 캐나다 국민의 93%가 부모가 아이에게 인터넷을 책임감 있게 사용하는 방법을 가르쳐야 할 의무가 있다고 답했다.

또한 어린이 인터넷 단체인 '차일드넷 인터내셔널Childnet International'은 프로 뮤직Pro-Music의 지원을 받아 '젊은이, 음악, 인터넷Young People, Music and the Internet'이라는 인터넷 이용 지침을 발간했다. 이 책자는 아르헨티나, 호주, 중국, 멕시코, 싱가포르, 스페인, 영국, 미국 등 12개 나라에 학교, 도서관, 음반 가게, 웹사이트 등을 통하여 배포되었다. 유럽연합European Union: EU은 공개적인 지지를 통하여 이 책자가 아이와 부모와의 지식 격차를 줄이고, 음악을 다운로드하는 데에 안전하고 합법적인 인터넷, 휴대전화 사용을 촉진할 것이라 전망하고 있다. 교사, 도서관, 지역 기구, 부모, 심지어 컴퓨터 수리 가게에서까지 이 책자를 보내달라는 요청이 끊이지 않고 있다고 한다.

2008년 호주에서는 음악에 관한 저작권 침해 방지 캠페인이 〈인 튠In Tune〉이라는 제목의 다큐멘터리로 제작·배포되었다. 이 다큐멘터리는 호주의 아티스트들을 인터뷰하여, 디지털 혁명이 그들의 삶에 어떠한 영향을 미쳤는지에 대한 소회 등을 담담히 풀어내고 있다. 영국, 아일랜드, 호주는 지적재산권에 대한 가치와 중요성에 대한 학생들의 인식을 끌어올리기 위하여 핵심 수업 과정을 바꾸었다. 미국 역시 미국음반협회를 중심으로 교육 단체와의 협력을 통하여 3학년부터 12학년까지 모든 수업 과정에 지적재산권, 음반 취입과 관련한 내용 등을 담고 있다(IFPI, 2009).

6) 공연 활성화

음반 판매에서 얻는 수익이 꾸준히 하락하고 있고, 대부분의 가수가 음반 취입 비용을 회수하지 못하는 상황에서 공연은 뮤지션에게 수익을 창출할 수 있는 중요한 수단으로 남아 있다 (Knowles, 2008). 콘서트홀과 같은 시설 기반 미비, 높은 대관료 등은 공연 활성화를 위하여 극복해야 할 장애 요인이다. 하지만 공연 활성화는 음악의 디지털화에 대응하는 아날로그 감성으로의 회귀라는 패러다임과 그 궤를 같이한다. 디지털 음악 파일의 공유에 대응하는 개념인, 가수와 팬과의 상호 교감을 통한 아날로그 감성 공유가 그것이다. 또한 콘서트홀에서 허가를 받은 사업자만이 판매할 수 있는 사인 CD, 티셔츠, 컵, 펜, 기타 기념품 등은 뮤지션의 추가 수익 상품이 될 수 있다.

2. 수익 분배 구조 개선

음악 산업은 저작권 문제와 더불어 수익 분배 구조가 개선되어야 한다. 온라인 스트리밍 서비스의 경우에도 재생 횟수가 많을수록 음반 회사에 저작료를 더 많이 지불해야 한다. 스트리밍 서비스 사업자들에게는 음반 회사에 지불하는 저작권료를 크게 상회할 정도의 광고나 유료 가입자를 유치할 수 있는가의 문제가 중요하다. 또한 클라우드 서비스를 통해서 이용자가 보유하고 있는 음원과 구입한 음원을 같이 이용할 수 있도록 해주는 것도 음원의 불법 유통 문제로 남아 있다. 그럼에도 온라인 스트리밍 서비스는 이용자가 자신의 음악을 자유롭게 이용할 수 있도록 편의를 제공해줌으로써 이용자층의 확대와 다양한 앱 개발을 가능하게 해준다는 점에서, 온라인 음악 시장에서 중요한 비즈니스 모델로 자리 잡아갈 것이다.

현재 합법적 음원 사용자 비율을 약 50%로 예상하고 있다. 이는 이용자의 절반이 불법 다운로드를 통해서 음원을 이용하고 있다는 것을 의미한다. 스트리밍 서비스의 이용자 아이디를 공유하거나, 다운로드한 음원을 다른 사람들과 공유하는 식의 불법적인 이용 방법이 존재하고 있기 때문이다. 이를 해결하기 위해서 클라우드 스트리밍 서비스 도입이 시도되고 있다. 클라우드 스트리밍 서비스를 이용하면 음원을 다운로드하지 않고 다양한 기기를 통해서 이용할 수 있기 때문에 불법 이용을 막을 수 있을 것으로 기대된다(이인묵, 2011).

덤핑 판매 문제 또한 해결해야 할 과제로 언급된다. 서비스 업체들이 불법적으로 음원을 이용하는 사람들을 합법적인 이용자로 끌어들이기 위해서 음원 판매 가격 또는 이용료를 낮추는 바람에 수익 구조가 악화되어, 좋은 음악을 만들어낼 수 있는 토대를 잃어버리게 되었다는 것이다. 현재 온라인에서는 노래 한 곡이 평균 600원에 판매되고 있다. 그리고 판매액의 절반 정도가 기획사·가수·작곡가 등 음악 제공자에게 분배된다. 즉, 온라인에서 100만 명이 구매하는 히트곡이 나와도 음악계에는 3,000만 원밖에 돌아오지 않는다. 따라서 이러한 비정상적인 유통 구조를 고쳐야 한다는 주장이 제기되고 있다(이인묵, 2011.12.29).

3. K-POP 열풍의 한계

2011년 현재 전 세계의 K-POP 열풍은 근래에 볼 수 없을 정도로 최고의 호황기를 누리고 있다. 하지만 K-POP을 통한 한류 열풍에 대하여 우려하는 목소리도 높다. 아이돌 그룹 열풍으로 인한 '묻지마 식' 제작과 K-POP 한류에 편승한 근시안적인 해외 진출의 부작용이 있다는 것이다(정병근, 2011). 한류 열풍에 편승하여 아이돌 그룹의 수가 늘어나면서 데뷔 1년도 되지 않은 신인 그룹들도 앞다투어 해외 시장에 진출하는 사례가 늘고 있다. 콘텐츠 완성도가 미흡한 무분별한 해외 진출이 이루어지고 있는 것이다.

특히 현지에서 거액의 계약금을 받는 경우에는 금전적인 이해관계 때문에 자칫 한류 열풍이 상업적인 목적에 이용되어 그 의미가 퇴색될 수 있다. 거액의 계약금이 반드시 성공을 보장하는 것도 아니고, 계약을 체결한 입장에서는 본전을 회수하기 위해서 무리한 활동을 강요하는 경향이 있기 때문이다. 또한 현지 에이전트를 통해서 해외 활동을 하는 경우에는 에이전트에 지불해야 하는 추가 경비가 발생한다는 점 외에도, 해당 가수들의 몸값을 높이기 위해서 현지 프로모터들과 무리한 협상을 하게 될 수도 있다. 현지 프로모터들은 자신들의 이름을 내세우기 위하여 한류 열풍을 이용하려 한다. 문제는 현지 에이전트와의 무리한 계약으로 인하여 수익을 거두지 못하고 쉽게 무너지는 현지 프로모터들이 많이 생기고 있다는 것이다. 따라서 단기적인 수익을 위하여 이벤트성 공연을 하기보다는 현지 프로모터들과 장기적으로 안정적인 신뢰 관계를 쌓아가는 것이 더욱 현명한 선택이라는 주장이 있다. 무조건적인 해외 진출보다는 꾸준히 해외에서 활동할 수 있는 토대를 마련하는 것이 시급하다는 것이다.

또한 K-POP이라는 음악 콘텐츠의 다양화 노력을 요구하는 의견도 있다. 최근에는 2AM과 같은 발라드 그룹, 씨엔블루와 같은 밴드도 K-POP 한류를 이끄는 힘으로 작용하고 있긴 하지만, 여전히 주류는 댄스곡을 부르는 아이돌 그룹이다. 반복적인 멜로디와 현란한 춤사위가 K-POP의 특성으로 떠오르면서, 대부분의 음악 제작자가 안정적인 인기를 유지하기 위하여 변화를 시도하지 않으려는 경향을 보이기 때문이다. 그러나 빠르게 변화하는 세계 음악 시장에서 K-POP 열풍이 영원히 지속될 것이라는 보장은 없다. 그렇다고 매번 새로운 시도를 하는 것은 오히려 역효과를 불러올 수도 있다. 따라서 기존의 스타일을 고수해서 동일성을 유지하는 것과 색다른 변화를 통해서 다양한 콘텐츠를 제작하는 것 사이에서 균형을 잡기 위한 음악 제작자들과 기획사들의 현명한 선택이 필요하다.

Track 06

음악 산업 지원 정책 및 진흥 전략

1. 정부의 음악 산업 지원 정책

1) 음악 산업 진흥 계획 수립

2009년 2월 4일, 문화체육관광부는 음악 산업 진흥 계획을 발표했다. 이 계획은 2009년부터 2013년까지의 5개년 계획으로, 한국 음악 산업의 글로벌화 및 국제 협력 강화, 대중음악 내수 시장의 활성화, 음악 산업 인프라 구축 및 성장 기반 강화라는 3대 추진 전략하에 8개의 핵심 과제와 15개의 일반 과제를 포함하고 있다. 특히 국내 대중음악 공연장의 부족함을 해소하기 위하여 국내 음악 산업 인프라 구축 사업의 일환으로 상암동 콘텐츠홀(360석 규모)과 올림픽홀(3,900석 규모) 신축을 통하여 국내 대중음악 공연장 확충에 나서고, 국내 음악 산업 시장 규모를 2008년 8,440억 원에서 2013년 1조 7,000억 원으로 신장시킬 계획이다(한국콘텐츠진흥원, 2011).

2) 저작권 보호 강화 정책

디지털 시장의 확대와 더불어 불법 다운로드 또는 공유로 인한 저작권 침해 문제가 세계 음악 시장을 위협하고 있다. 프랑스는 새로운 아티스트의 곡이 2009년과 비교해서 59%나 감소했고, 스페인은 판매량 상위 50위 안에 새로 발표된 앨범이 2004년부터 2009년 사이에 65%나 감소한 것으로 나타났다(한국콘텐츠진흥원, 2010a). 이는 전 세계 국가에서 보편적으로 나타나고 있는 현상으로, 이에 대한 각 정부의 대응 방안이 시급한 실정이다. 프랑스, 뉴질랜드, 대만, 영국은 대량 복제 및 유포 등의 행위를 막기 위하여 ISPInstruction Set Processor, 명령어 집합 처리기를 요구하는 새로운 산업 표준 및 법안을 마련하고 있다. ISP는 저작권 콘텐츠를 불법 공유할 때 단계별 경고 메시지를 보내는 방식이다. 이는 지속적인 저작권 침해가 발생할 경우 통신 전송 용량을 억압하거나 일시적으로 통신계정을 중지시키는 제재를 가하는 것이다.

한국 정부에서도 저작권 보호를 위한 정책 범위를 확대하는 등 체계적이고 강력한 대책을 마련하고 있다. 2009년 상반기에는 불법 저작물 감시 시스템을 업그레이드하고, 계정정지 제도를 도입하며, OSPOnline Service Provider, 온라인 서비스 제공자의 책임을 강화시키기 위하여 기존의 저작권법을 새롭게 개정했다. 이 개정법에서는 웹사이트에서 불법 복제물을 올린 혐의로 3회 경고를 받은 이용자가 다시 위반을 할 경우, 최대 6개월간 자신의 계정으로 로그인할 수 없도록 계정정지 제도가 도입되었다. 또한 불법 복제물이 오른 웹사이트 중 삭제 또는 전송 중단 명령을 3회 이상 받은 OSP가 계속해서 저작권 질서를 훼손하는 경우, 게시판 서비스 정지 명령을 할 수 있도록 했다. 그리고 한국저작원위원회가 발족되어 OSP의 정보통신망을 조사하여 불법 복제물 등이 전송된 사실을 발견한 경우에는 OSP에 대하여 불법 복제물 삭제 등의 시정을 권고할 수 있게 되었다. 이 밖에도 정부는 불법 콘텐츠 복제 및 유통을 조기에 근절하기 위하여 24시간 불법 저작물 감시 시스템인 'ICOP-II'를 개발했다(한국콘텐츠진흥원, 2011).

3) 저작권 및 이용자 보호를 위한 공동협약 체결

2009년 8월, 한국음악저작권협회와 한국음악실연자연합회는 NHN과 음악 콘텐츠 사업의 발전 및 저작권 보호와 이용자들의 공정한 저작물 이용 보장을 위하여 상호 협력하기로 공동협약을 체결했다. 한국음악저작권협회와 한국음악실연자연합회는 NHN을 상대로 한 모든 민·형사상의 소송을 취하하고, 온라인 서비스와 각종 상품 개발 등 관리 저작물을 적극 제공하기로 했으며, NHN은 필터링 등 저작권 보호를 위한 기술적 조치를 강화하고 불법적인 저작물 사용을 방지하도록 노력하기로 했다. 구체적으로 이들은 이용자의 공정 이용fair use을 보호, 불법 음원 유통 방지를 위한 필터링 강화, 온라인에서의 합법적인 음원 구매를 위한 상품 개발 등을 위한 협의체를 구성하고, 향후 정부가 구성할 저작권 상생 협약체에도 적극적으로 참여하기로 했다.

2009년 10월에는 한국음악저작권협회, 한국음악실연자연합회, 한국음원제작자협회가 다음커뮤니케이션과 음악 산업 발전, 저작권 보호, 공정 이용 등을 위한 공동협약을 체결했다. 다음커뮤니케이션은 이용자들이 음악을 합법적으로 이용하도록 상품을 개발하고, 필터링 등 기술적 조치를 강화하여 불법 저작물 이용을 방지하기로 했다. 위의 세 단체들은 저작물의 이용 허락 및 현재 보유하고 있는 데이터베이스와 향후 구축될 음악 관련 데이터베이스를 다음커뮤니케이션에 제공하기로 합의했다.

2. 음악 산업 관련 법 제도 동향

1) 진흥법

(1) 음악 산업진흥에 관한 법률

2006년에 제정된 「음악 산업진흥에 관한 법률」은 기존의 음반·비디오물 및 게임물에 관한 법률에서 음반 부분을 독자적으로 재편한 것으로, 음악 산업 전반에 걸쳐 지원할 수 있는 법이다. 주요 사항은 온라인 음악 서비스를 포함하기 위한 음반의 정의 규정 확대, 음악 산업 발전을 위한 진흥 조항 신설, 음반 식별 표시 의무화 규정 마련, 온라인 음악 서비스 제공업을 자유업에서 신고업으로 전환, 음반 등의 기획 제작업의 신고화, 그리고 음악 영상물과 음악 영상파일의 등급 분류 의무화 등이다(한국콘텐츠진흥원, 2011).

(2) 문화산업진흥기본법

음악 산업은 문화 산업에 포함되므로 「문화산업진흥기본법」의 적용을 받는다. 2002년에는 문화 산업 범위에 디지털 문화콘텐츠 산업이 추가되었으며, 품질 인증과 디지털 문화 콘텐츠에 관한 법률이 표준 제정·고시 등이 명시되어 디지털 문화 콘텐츠의 온라인 유통을 지원하는 데 이용할 수 있게 되었다.

2006년에는 문화 산업의 범위 및 콘텐츠 관련 규정을 재정비하여 문화 콘텐츠, 공공문화 콘텐츠, 문화산업 진흥지구의 정의 규정을 신설했고, 문화 산업에 만화와 에듀테인먼트 및 모바일 문화 콘텐츠 분야를 명시했다. 또한 우수공예 문화 상품 관련 규정이 우수문화 상품 전반으로 확대되었고, 지적재산 보호 사항이 추가되었다. 그리고 문화 산업 전문회사와 관련된 규정을 신설하여 문화 산업 분야의 특수목적회사 설립이 가능해졌다.

2009년에는 완성보증제도 도입, 공정거래 질서구축을 위한 조치, 콘텐츠 가치평가제도 도입, 우수문화 프로젝트 및 우수문화사업자 지정, 기업부설 창작연구소 및 기업의 창작전담부서 인정제도를 도입하고, 한국콘텐츠진흥원의 설립 등을 개정했다(한국콘텐츠진흥원, 2011).

(3) 콘텐츠산업진흥법

「콘텐츠산업진흥법」은 「온라인디지털 콘텐츠산업발전법」을 2010년에 개정한 것으로, 콘텐츠 산업의 기반을 조성하고 그 경쟁력을 강화하여 국민생활 향상과 국민경제의 건전한 발전에 이바지하는 것을 목적으로 한다. 콘텐츠·콘텐츠 산업·콘텐츠 제작자 등의 정의를 포함하여, 범정부적인 콘텐츠 산업 진흥 체제를 수립하기 위한 콘텐츠산업진흥위원회 설치 및 중·장기적인 기본 계획 수립, 콘텐츠 거래인증 사업 추진, 콘텐츠 제공서비스의 품질인증 규정, 콘텐츠 식별체계와 관련된 독립조항 재편, 콘텐츠 유통 사업자 등의 공정한 유통 환경 조성을 통한 제작자 보호조항 개선, 이용자 보호를 위한 각종 사업 실시, 청약 철회, 이용자 보호지침의 제정 등의 관련 규정을 두고 있다. 또한 콘텐츠 분쟁조정위원회를 설치하기 위한 규정을 마련했다(한국콘텐츠진흥원, 2011).

2) 보호법

(1) 저작권법

「저작권법」은 저작자의 권리와 이에 인접하는 권리를 보호하고, 저작물의 공정한 이용을 도모함으로써 문화 발전에 이바지하기 위하여 재정되었다. 저작자 및 저작 인접권자의 권리 보호와 이용자들의 공정 이용 부분에 대하여 규정하고 있다.

음악이 창작성을 갖추면 저작물이 되며, 이때 작사가·작곡가 등은 저작자가 되어 양도·상속의 경우를 제외하고 창작한 때로부터 저작권을 갖게 된다. 저작권은 저작인격권과 저작재산권으로 나눌 수 있는데, 저작인격권은 저작물에 대한 저작자의 인격적 이익을 보호하기 위한 일신전속권이고, 저작재산권은 저작물의 이용 행태에 따라 각종 저작재산권을 저작자에게 인정하는 물권유사의 배타적 지배권을 말한다. 저작인격권은 저작자가 저작물을 공표하거나 하지 않을 것을 결정할 권리인 공표권, 저작물의 원작품이나 그 복제물 또는 저작물의 공표에서 실명 또는 이명을 표시할 권리인 성명표시권, 그리고 저작물의 내용·형식 및 제호의 동일성을 유지할 권리인 동일성유지권으로 나뉜다. 저작재산권에는 복제권, 배포권, 공연권, 공중송신권, 전시권, 2차적 저작물작성권이 있다.

한편 저작물이라 하더라도 저작권이 제한되는 경우가 있는데, 공익적으로 국민에게 널리 알려야 하는 비보호저작물, 저작자의 저작권 보호 기간이 끝난 경우, 이용자의 권리를 보장하는 공정이용의 경우, 저작재산권자가 불명이거나 공익상 필요한 저작물과 같이 법정 허락을 받은 경우에는 「저작권법」에 저촉되지 않고 사용할 수 있다.

저작물을 창작하지는 않았으나 배포에 기여한 실연자, 음반제작자, 방송 사업자를 저작인접권자라고 하며, 이들의 권리를 저작권에 인접하는 권리라 하여 저작인접권이라고 한다(한국콘텐츠진흥원, 2011). 실연자란 연기·무용·연주·가창·구연·낭독 및 그 밖의 예능적 방법으로 저작물을 표현하거나, 저작물이 아닌 것을 이와 유사한 방법으로 표현하는 사람 또는 지휘·연출하는 사람을 말한다. 실연자의 저작권에는 성명표시권 및 동일성유지권, 복제권, 배포권, 대여권, 공연권, 방송권, 전송권 및 방송보상청구권, 디지털음성송신보상청구권이 포함된다. 음반 제작자는 음을 음반에 고정하는 작업을 전체적으로 기획하고 책임지는 사람을 말하며, 복제·배포권, 전송권, 대여권, 방송보상청구권, 디지털음성송신 보상청구권, 공연보상청구권을 부여받는다. 방송 사업자는 방송을 업으로 하는 사람을 말하며, 방송을 복제할 권리와 동시중계할 권리가 있다. 저작인접권은 실연, 음반 제작, 방송 즉시 권리가 발생하며, 그다음 해부터 50년간 보호된다.

온라인 서비스 제공자는 자신이 제공하는 서비스가 제3자에 의하여 복제·전송되어 저작권 등의 권리가 침해된다는 사실을 알고 복제·전송을 방지하거나 중단시킨 경우, 또는 중단하는 것이 기술적으로 불가능할 경우 책임을 면할 수 있다. 2006년 개정법에서는 온라인 서비스 제공자가 권리자의 요청이 있는 경우, 당해 저작물 등의 불법적인 전송을 차단하는 기술적 조치 및 필요한 조치를 강행하도록 온라인 서비스 제공자의 의무를 신설했다. 이후 2009년에 개정된 저작권법은 불법 복제자·전송자에 대한 경고 및 불법 복제물의 삭제 또는 전송 중단, 반복적인 불법 복제자·전송자에 대한 계정 정지, 불법 복제물 유통 게시판의 서비스 정지의 의무를 강조하고 있다.

(2) 콘텐츠산업진흥법

「콘텐츠산업진흥법」은 콘텐츠 제작자 보호를 위한 특별 규정을 두고 있다는 점에서 보호법의 성격을 가진다. 콘텐츠 제작자가 콘텐츠 또는 그 포장에 제작일, 제작명과 더불어 이 법에 따라 보호받는다는 사실을 표시한 경우 5년간 보호되며, 그 콘텐츠의 전부 또는 상당한 부분을 경쟁 사업자가 무단으로 복제·배포·방송·전송하여 영업상 이익을 침해하지 못하도록 한다. 또한 콘텐츠의 불법 복제 등을 방지하기 위하여 적용한 기술적 보호 조치를 무력화하는 기술·서비스·장치의 제조·제공·수입 등을 금지하고 있다.

3) 규제법

(1) 공연법

공연이란 영화·연극·음악·무용을 비롯한 기타 예술적 또는 오락적 관람물을 공중의 관람 또는 청문에 제공하는 행위를 말하며, 「공연법」은 제반 공연에서 예술의 자유를 보장하고 건전한 국민오락을 육성하기 위하여 공연에 관한 사항을 제정한 법을 말한다. 「공연법」은 연소자에게 유해한 공연물을 관람시키는 것을 금하고 있으며, 이와 관련된 선전물 배포 및 광고 역시 금지하고 있다. 또한 외국인의 공연은 영상물등급위원회의 추천을 받아야 하며, 유해성의 우려가 있을 때에는 추천하지 않을 수 있다.

(2) 청소년보호법

「청소년보호법」은 청소년보호위원회가 청소년에게 유해한 것으로 결정 또는 확인하여 고시한 매체물, 각 심의기관이 청소년에게 유해한 것으로 의결 또는 결정하여 고시한 매체물을 청소년유해매체물로 정의하고 있다. 청소년보호위원회와 각 심의기관은 청소년유해매체물로 결정되지 않은 매체물에 대하여 유해성의 정도, 이용 청소년의 연령, 매체물의 특성, 이용 시간과 장소 등을 감안하여 필요한 경우 등급을 구분할 수 있고, 청소년보호위원회는 각 심의기관에 이 내용을 요청할 수 있다. 심의의 기준은 청소년에게 성적인 욕구를 자극하는 선정적인 것이거나 음란한 것, 청소년에게 포악성이나 범죄의 충동을 일으킬 수 있는 것, 성폭력을 포함한 각종 형태의 폭력 행사와 약물의 남용을 자극하거나 미화하는 것, 청소년의 건전한 인격과 시민의식의 형성을 저해하는 반사회적·비윤리적인 것, 기타 청소년의 정신적·신체적 건강에 명백히 해를 끼칠 우려가 있는 것 등으로 명시되어 있다.

청소년보호위원회가 2006년 11월부터 2011년 상반기까지 유해 매체물로 지정한 곡은 국내·국외 곡을 합하여 3,538곡이나 된다. 이 수치는 2007년 349곡, 2008년 653곡, 2009년 955곡, 2010년 1,057곡으로 점점 증가하는 추세를 보인다. 하지만 청소년을 보호하기 위한 「청소년보호법」의 실시에는 적지 않은

〈표 16〉 청소년유해매체물 심의 절차

유해 음반 및 음악 파일 모니터링	· 청소년유해매체물(음반 및 음악 파일) 모니터링 · 심의자료 작성
⇩	
행정 처분의 사전 통지 (행정절차법 제11조)	· 청소년유해음반 및 음악 파일 심의 결정 전, 의견 제출 기회 부여
⇩	
청소년 유해 음반 및 파일 심의 (음반 심의위원회)	· 심의기준에 의한 음반 및 음악 파일 1차 심의 (9명 민간 전문가 / 장관 위촉)
⇩	
심의·결정 (청소년보호위원회)	· 청소년유해매체물(음반 및 음악 파일) 최종 심의·결정(민간 10, 공무원 1: 총11명 대통령 임명 및 위촉)
⇩	
청소년유해매체물 통보 및 고시	· 음반 제작사 등에 결정 사항 통보 · 관보 고시(행정안전부)

자료: 추은희(2011: 2).

마찰이 발생하고 있다. 특히 청소년유해매체물 선정의 기준이 주관적이고 자의적이라는 지적이 있다(추은희, 2011).

(3) 영화 및 비디오물의 진흥에 관한 법률

「음악산업진흥에 관한 법률」 제16조 제3항에 따르면, 음악 영상물·음악 영상파일 제작업자와 음악 영상물·음악 영상파일 배급업자는 「영화 및 비디오물의 진흥에 관한 법률」 제57조의 규정에 따른 비디오물 제작업 또는 비디오물 배급업의 신고를 한 것으로 본다. 한편 뮤직비디오 등 음악 영상물·음악 영상파일을 제작 또는 배급하는 자는 「영화 및 비디오물의 진흥에 관한 법률」 제71조의 규정에 따른 영상물등급위원회로부터 등급분류를 받도록 되어 있다(한국콘텐츠진흥원, 2011).

3. 음악 산업 지원 현황

1) 창작 인재 발굴 및 지원

한국콘텐츠진흥원은 정부의 음악 산업 지원 정책의 일환으로 2008년부터 신인 아티스트를 발굴하는 사업을 추진해왔다. 2009년에는 악퉁, 포미닛, 슈프림팀, 비스트 등 매월 우수 신인을 발굴하고, 우수 신인 음반의 소비자 접점 확대를 위하여 지상파 텔레비전 및 온라인·오프라인 홍보를 지원했다.

우수 인디 뮤지션 선정·지원 사업은 다양한 장르 음악을 육성하기 위한 방안으로, 우수 인디 뮤지션을 선정하여 공연 기회를 제공하는 등 대중에게 인디 뮤지션의 음악을 알리기 위하여 추진되었다. 1차로 포털 사이트의 UCC 접수를 통해서 선정된 팀이 2차로 공개 오디션을 거쳐 지상파 텔레비전 프로그램에 출연하게 되는 것이다.

한편 문화체육관광부는 2008년부터 매년 젊은 국악 연주가들에게 창의적인 실험 공연의 기회를 제공하는 '천차만별 콘서트'를 개최해왔다. 이 콘서트에는 공모로 선정된 스물네 팀이 참여하여 팀당 2회의 단독 공연 특전이 부여되며, 우수 팀으로 선정된 팀에게는 음반 제작의 기회도 제공하고 있다. 2011년의 천차만별 콘서트는 7월 21일부터 10월 4일까지 북촌창우극장에서 열렸다(문화체육관광부, 2011.10.27).

2010년에는 문화체육관광부와 한국콘텐츠진흥원이 '글로벌 신인 스타 프로젝트'를 실시하여 국내 음반 제작사들의 제작 의욕을 고취시키고, 유망한 신인 아티스트를 발굴하기 위하여 노력했다. 매월 6팀의 후보를 선정하여 엠넷에서 제작하는 〈엠 루키M Rookies: 이달의 루키〉에 출연하게 하고, 네티즌 투표로 선정된 1위는 한 달간 지상파 및 케이블 방송에 출연 및 온라인·오프라인 홍보, 공연 기회 등을 제공 받았다.

또한 '공연마당 프로젝트'를 실시하여 뛰어난 뮤지션들에게 양질의 공연 기회를 제공하고 있으며, 매월 두 팀을 선정하여 한국콘텐츠진흥원과 엠넷이 제작하는 〈A-Live: Take out〉에 출연시키는 등 다양한 활동을 보장해주고 있다.

2) 글로벌 시장 진출 지원

문화체육관광부는 2009년 11월 25일, 중국 상하이에서 '2009

글로벌 뮤직 쇼케이스Feel Korea! K-Pop Night'를 개최했다. 이 행사는 한국 음악을 현지에서 홍보하고, 한국 가수들이 중국 진출 네트워크를 구축할 수 있도록 지원하기 위하여 열렸으며, 한국 유명 디자이너 및 유명 캐릭터의 패션쇼와 연계하여 진행되었다. 해외 음악 관계자들에게 일반적인 상업 공연과 차별화된 B2B 형식의 쇼케이스를 개최했다는 점에서 큰 의의가 있는 행사였으며, 아울러 K-Pop을 현지의 대중에게 널리 알릴 수 있었다는 좋은 평가를 받았다(한국콘텐츠진흥원, 2011).

2009년 5월에는 국내 인기 드라마 및 OST를 홍보하기 위하여 'OST 영상음악제'를 일본에서 열어 현지 음악 팬 및 음악 관계자들과의 네트워크 구축을 추진했다. 이는 드라마와 더불어 한국의 음악을 해외에 알리고 한류를 확산시킬 수 있었다는 긍정적인 효과를 가져왔다.

4. 해외 진출 마케팅 전략*

한국 음악의 해외 진출을 모색하기 위해서는 효과적인 마케팅 전략이 필요하다. 첫째, 한국 음악 산업은 디지털 음악의 출

* 이 부분은 이수범(2009)의 논문을 바탕으로 재구성했음.

현으로 인하여 CD라는 실물 음반의 판매 형태가 MP3를 통한 음원의 판매로 전환되고 있는 실정이다. 이에 따라 음반 산업은 급격하게 몰락하고 있으나 음원의 가공 판매 등 새로운 시장이 개발되고 있다.

둘째, 인터넷의 발달에 따라 음악 전달의 매체가 방송에서 인터넷으로 바뀌고 있다. 이는 전 세계적인 추세로, 인터넷을 통하여 시공간을 초월한 음악 감상이 가능하며 국경 없는 음악의 소통이 가능하다.

셋째, 대형 기획사와 몇몇 기업의 노력으로 중국과 일본, 미국 등지에 이미 한국의 음악이 진출할 수 있는 기반이 마련되고 있다. 이러한 노력을 국가적 차원에서 뒷받침해 주어야 하며, 또한 지속적인 진출 확대를 위하여 새로운 콘텐츠가 제공되어야 할 것이다.

넷째, 새로운 콘텐츠, 즉 새로운 아티스트와 음악의 해외 진출을 위해서는 해외 시장에 대한 정보와 자유로운 의사소통이 필요하다.

이와 같은 측면에서 볼 때, 아티스트와 음악의 개발은 기획사의 개별적 노력으로 이루어지겠으나 해외 정보의 제공과 국가적 차원의 홍보 등은 정책으로 마련되어야 할 것이다. 더욱이 소셜 미디어를 통한 홍보가 중요한 시점에서 온라인 PR은 음악 산업에서 필수적인 요소가 되고 있다.

마케팅 PR의 분야에서 이제 더 이상 과거의 PR 법칙은 유효하지 않으며, 온라인을 이용한 새로운 PR 법칙이 마련되고 있는 추세다. 온라인의 수용자는 가만히 앉아서 일방적으로 주어지는 광고 메시지를 받아들이는 과거의 수용자와는 완전히 다른 성격을 지닌다. 이들은 적극적으로 자신이 원하는 정보를 찾고, 블로그 등을 통하여 자신의 의견을 피력한다. 새로운 수용자는 일방적인 뉴스나 성명서를 단순히 수용하는 것이 아니라, 직접 커뮤니케이션에 참가하기를 원하며 때로는 주도하기도 한다.

인터넷을 이용한 홍보는 수용자 및 오프라인의 상대와 접촉하고 이들 수용자 모두와 상호작용적인 관계를 창출하며, 솔직하고 신속하며 형식에 얽매이지 않는 PR 활동을 펼쳐야 한다(〈표 17〉 참조). 따라서 온라인을 통한 PR은 30초짜리 짧은 광고와는 달리, 수용자가 원하는 정보를 자세히 기술하고 그들이 찾기 쉽도록 검색엔진을 이용하며, 수용자의 블로그에 첨부될 수 있는 최신 정보를 업데이트하는 것이 중요하다. 스캇(Scott, 2007)은 그의 저서에서 수용자에게 직접 도달하기 위한 온라인 PR의 중요한 요소로서 뉴스 릴리스와 블로그, 구전 마케팅viral marketing 등을 꼽았다. 음악 상품의 사용자들이 상품의 구매와 감상에서 인터넷을 핵심적으로 이용한다는 점을 감안할 때, 이들에게 접근하기 위하여 가장 중요한 것은 인터넷 마케팅이다.

여기서는 다음과 같은 홍보 및 마케팅 전략을 제안하고자 한

〈표 17〉 온라인을 이용한 PR의 변화

과거	미래
1. 일방적 커뮤니케이션	1. 수용자 주도의 커뮤니케이션. 주기적임.
2. 지방 및 지역 커뮤니케이션	2. 즉각적으로 전 세계의 수용자에게
3. 계획된 뉴스 사이클	3. 빨리 대응하는 뉴스 사이클
4. 미리 계획된 기자회견, 미디어 릴리스	4. 전략적 독점기사, 독점기사 후에 뉴스 미디어를 원조하는 수용자 기자회견
5. 미디어 주도의 PR 전략	5. 매우 중요한 지지자들
6. 뉴스의 집중 관리	6. 평판을 넓히기 위해 뉴스 전파자와 바이러스 캠페인 창출
7. 1년에서 3년간의 계획	7. 1개월에서 3개월의 계획
8. 긴 조사 기간	8. 신속한 상황 파악과 순발력 있는 조사 주기
9. 선전가	9. 비즈니스 커뮤니케이션 설계자
10. 전례, 완강한 규칙, 매뉴얼로 사업 방법 규정	10. 기업가적이고 빠른 전략 구축 및 실행

자료: Middleberg(2001).

다. 즉, 해외 진출에서 가장 기본이라 할 수 있는 현지 국가들의 정보를 국내에 알리고, 인터넷 마케팅의 핵심이 되는 언어 소통을 위하여 통역과 번역 지원을 하며, 해외의 수용자에게 직접 접근하여 홍보가 가능하도록 홍보 홈페이지를 마련한다. 그리고 구전 마케팅을 위하여 해외 유학생과 국내 관광객을 적극 이용하는 전략을 세우며, 다른 상품과 연계한 마케팅으로 시너지 효과를 노린다.

1) 수출국의 현지 정보 제공

음악 콘텐츠를 제작하고 직접적인 수출의 노력 주체가 되는 것은 당연히 기획사나 제작사를 비롯한 음악 산업의 종사자들이겠으나, 그들이 해외 진출을 하고자 할 때 현지의 사정을 쉽게 파악할 수 있도록 홈페이지 등을 통하여 수출국에 대한 정보를 제공하는 것은 정책적으로 마련되어야 할 것이다. 지금까지 음악을 비롯하여 영화나 드라마 등 한류 상품들이 아시아권으로 진출하는 데에서 가장 걸림돌이 되었던 부분이 바로 이러한 정보의 부족이다. 현재 불법 복제 등의 문제점을 안고 있으나 한국과 비슷한 취향을 가지고 있으며 엄청난 규모의 시장이라는 점에서 중요하게 다루어지고 있는 중국의 경우, 중국 정부의 관련 정책과 법규에 대한 이해 부족으로 한류 상품은 위기를 맞고 있는 실정이다.

오랜 기간 동안 한류 문화가 수입되고 이슈화되던 자국의 상황을 치욕적으로 생각하는 중국인들이 늘면서, 현재 중국에서는 혐嫌한류, 항抗한류 기운이 싹트고 있으며, 이와 더불어 법적 규제가 이루어지고 있다. 가령 방영 시간대 규제를 통하여 한국 드라마의 유입을 제한하고 있는데, 이는 한국 드라마의 내용이 중국 정부의 이데올로기적 관점과 어긋나는 부분이 포함되어 있기 때문이다. 한국이 중국 정부의 정책 방향과 이데올로기를 제대로 이해하지 못한 까닭인 것이다. 이에 대하여 관계자들은 중국

미디어 시장에 대한 철저한 사전 조사와 면밀한 동향 파악이 중요하며, 현지의 일상생활과 문화코드 변화에 따른 시장 변화에 주목할 것, 그리고 진출할 분야의 경쟁 구도 변화와 시장 동향을 정확하게 분석할 것 등을 권유한다. 이와 함께 중국 정부의 지원 정책과 법규의 정치적 의도를 제대로 파악하고, 관련 법규에 대한 정확한 이해와 해석이 필요하다고 강조한다(허미선, 2007b: 26~27).

한편 미국 진출에서도 정보 부족에 따른 실패 케이스는 얼마든지 있다. YG엔터테인먼트의 스토니 스컹크가 한국 가수로서 최초로 2007년 8월 미국 빌보드 R&B 힙합 싱글 세일즈 차트에서 4위를 기록하는 등, 한국 아티스트의가 실력 면에서 미국 진출이 불가능한 것은 아니다. 그러나 가수 비의 미국 공연이 결국 실패로 돌아간 데에는 공연 지역의 사전 조사 부족에 그 이유가 있었다. 지역에 따라 주요 공연 기획사가 다르고, 공연법이 다른 것을 알지 못했던 것이다. 미국만큼 큰 영토를 지닌 호주 공연도 마찬가지 상황으로, 철저한 사전 조사 없이 이루어졌던 비의 공연은 많은 잡음이 따랐다.

이러한 사례를 볼 때 해외 진출의 기본이자 가장 중요한 요소는 현지의 올바른 상황을 알 수 있는 정보 수집이라 할 수 있다. 이러한 각국의 정보를 기획사가 일일이 모두 파악하려면 엄청난 시간과 비용이 필요하다. 따라서 누구나 해외 진출을 꾀하는 자라면 쉽게 정보를 사용할 수 있도록 해야 할 것이다. 즉, 전자 도서관의 형태로 이용할 수 있는 홈페이지를 마련하여 지속적으로 변화하는 현지 상황을 신속하게 업데이트해야 한다. 이는 현지 특파원과 같은 제도를 이용하면 가능하다. 세계 각국에서 생활하고 있는 유학생을 포함한 한국 국민 중 모집을 통하여 지역마다 특파원을 지정하고, 이들에게 현지 사정을 업데이트하도록 하는 것이다. 이와 같은 홈페이지의 운영은 비단 음악 산업만이 아니라 영화나 드라마 등 모든 문화 산업의 수출에 공통으로 사용될 수 있다는 점에서 비용에 대비하여 큰 효율성을 지니고 있다고 여겨진다.

2) 통번역 지원

음악 산업에서 해외 진출의 또 하나의 걸림돌은 바로 언어적 차이에 의한 의사소통의 불편함이다. 영화나 드라마 등 다른 문화 산업과는 달리 음악은 아티스트 한 명, 노래 한 곡이 상품의 단위다. 즉, 여타의 문화 상품에 비하여 규모가 작다. 큰 단위의 수출 상품이라면 비용을 들여서 통역이나 번역을 하는 것에 문제가 없다. 그러나 음악 상품은 한 곡의 노래를 위해서 통역을 의뢰한다는 것이 버거운 일이라는 것이다. 따라서 한류 음악 열풍을 창출해낸 일부 대형 기획사가 아닌, 소규모 기획사에 소속된 아티스트들의 음악은 해외 진출을 상상하기 힘든 지경이다.

그러나 앞서 기술한 바와 같이 인터넷의 발달로 인하여 한국 가수들의 뮤직비디오나 공연 동영상이 해외에서도 자유로이 관람되고 있으며, 드라마와 영화의 OST를 통하여 대형 기획사 없이도 한국의 음악 상품은 해외의 소비자에게 다양하게 다가가고 있다. 국내에서의 인지도와 상관없이 아티스트의 실력에 따라 해외의 소비자들에게 다른 인상을 줄 수 있다. 대규모 해외 공연을 통한 진출뿐 아니라, 한국의 음악을 더 알고자 하는 해외 팬들이 추구하는 정보를 원활하게 제공하여 이들의 관심을 넓혀주는 것도 중요하다. 작은 기획사들은 아티스트의 음악과 정보를 현지 언어로 인터넷에 올리는 것만으로도 수요층을 확보할 수 있는 기회를 잡을 수 있다는 것이다.

한국 음악에 관심을 갖고 인터넷으로 검색하는 해외 팬들은 한국어로 된 알 수 없는 정보를 접하고 곧 흥미를 잃게 된다. 수많은 동영상과 아티스트의 정보를 모두 정부에서 수집하고 번역하는 것은 힘들겠지만, 외국어로 홍보하기를 원하는 기획사나 아티스트에게 통역사·번역자를 지원하는 형식은 가능할 것이다. 사무실을 만들고 상시 출근하는 형식보다는, 프리랜서 통역사·번역자 리스트를 마련하여 이들과 기획사를 연결하고 지원하는 방식이 비용 면에서 더욱 효율적일 것으로 생각된다.

3) 해외 홍보 홈페이지 운영

해외 팬들이 한국의 음악 정보를 자발적으로 수집하고자 할 때 용이하도록 도와줄 수 있는 홈페이지가 필요하다. 현재 인터넷을 검색하면 개인 블로그에서 K-POP으로 불리는 한국의 음악 정보를 얻을 수 있다. 한국인을 필두로 몇몇 외국인도 이와 같은 블로그를 운영하며 한국의 음악을 소개하고 있다. 이러한 블로그를 운영하는 사람들에게도 정보 제공이 필요할 것이며, 또한 인터넷 검색을 통하여 한국 음악에 대한 정보를 얻고자 하는 사람들에게도 접근이 쉬운 홈페이지를 운영하는 것이 마땅하다. 현재 한국의 음악을 소개하는 홈페이지로는 프랑스의 K-POP France(http://fr.soompi.com), 영국의 K-POP Music(http://www.kpopmusic.co. uk), 그리고 Daily K-POP New(http://www.dkpopnews.net), K-POP Music(http://www. kpopmusic.com) 등이 있다. 최근 이들 홈페이지는 페이스북이나 트위터 같은 소셜 미디어와 연동되어 운영되고 있다.

4) 타이인tie-in 전략

한국 음악 상품의 홍보를 위하여 다른 수출품들과의 타이인을 고려해볼 수 있다. 음악 상품이 저비용·저수익 상품이라는 측면에서 볼 때, 단순히 음원 한 곡의 판매를 위하여 큰 홍보비를 들이는 것은 비효율적이다. 따라서 수출 주력 상품과의 타이인을 통한 홍보 등 비용을 최소화하는 전략이 효과적일 것이다.

가령, 미국과 중국 등지에 대량으로 수출되고 있는 자동차 판매와 음악의 타이인 전략을 세울 수 있다. 운행 중에 음악을 듣는 일은 매우 보편적이므로 자동차를 구입하는 사람에게 한국의 음악이 담긴 CD를 무료로 나누어 주는 것이다. 이 CD는 현지의 선호 음악을 파악하여 수출국의 대중에게 가장 알맞은 음악을 선택하여 제작한다. 이때 제작자도 자신의 음악이 홍보되는 효과가 있으므로 CD 제작에 따른 저작권 비용은 최소화하는 것으로 협의가 가능할 것이다. 홍보용 CD에는 음악 홍보 사이트를 비롯한 관련 사이트의 주소를 기입하여, 추후 관심을 가진 소비자들이 정보를 얻고 음원이나 음반을 구입하고자 할 때 손쉽게 접근할 수 있도록 유도한다.

다른 수출 주력 상품도 마찬가지다. 휴대전화기 역시 MP3 기능이 첨부되어 있는 것이 대부분이며, 벨소리나 통화연결음 등 음악과 밀접한 관련이 있다. 해외로 수출되는 휴대전화기의 설명서 등에 음악 홍보 사이트의 주소를 첨부하여 인터넷을 통한 음악 상품의 다운로드나 CD, DVD의 주문 등이 가능하도록 한다. 현재 국내에서도 아티스트의 음반과 전화기를 공동으로 프로모션하는 경우를 찾을 수 있는데, 이와 마찬가지로 해외에 수출하는 전화기에도 싱글 CD나 컴필레이션 음반 등을 함께 판매하는 전략을 고려해볼 수 있다.

드라마나 영화의 OST를 통한 타이인은 이미 보편화되어 있다. 이와 더불어 게임 상품과의 타이인도 중요하다. 미국의 경우 2002년 한 해 동안의 게임 산업 수익이 280억 달러에 달한다 (Kusek and Leonhard, 2005: 69). 게임의 배경음악을 담당했던 무명 가수의 음반이 별다른 홍보 활동 없이도 베스트셀러를 기록하거나, 라디오 프로그램에 방송 신청이 들어오는 등 빅히트를 하는 경우가 잦다. 어린 소년들은 라디오를 듣는 시간보다 게임을 하며 보내는 시간이 훨씬 길다. 즉, 라디오에서 나오는 음악이 아니라 게임의 배경음악을 더 자주 듣게 된다는 것이다. 국내 음반 제작사인 예당온라인은 2008년 100억 원을 투자하여 4년간 개발한 온라인 게임 대작 '프리스톤테일2'에 손담비 등 신인 가수들을 대거 기용하고 정식 디지털 싱글 OST를 제작했다. 게임 OST는 전화 벨소리나 통화연결음 등으로도 인기를 끌어 음원 사업에서도 기대 이상의 성과를 얻고 있다(≪동아일보≫, 2008.4.2). 따라서 국내 제작 게임 수출과 더불어 게임의 배경음악을 담당한 아티스트를 동시 진출시키거나, 혹은 그 반대로 유명 아티스트를 이용하여 게임을 홍보하는 등 게임과 음악을 연계한 홍보 전략은 시너지 효과가 있을 것으로 예상된다.

이와 더불어 관광 상품과 콘서트의 타이인 전략도 생각해볼 수 있다. 현재 드라마 수출에 힘입어 일본을 비롯한 아시아 국가에서 국내의 촬영지를 관광하고, 배우를 만나기 위하여 한국 여행을 오는 관광객이 늘고 있다. 그렇다면 드라마의 OST를 부른 아티스트의 콘서트와 관광 상품을 연계하는 것도 가능할 것이다. 실제로 일본이나 중국 등지의 팬들이 한국 아티스트의 콘서트를 관람하기 위하여 입국하는 경우도 적지 않다. 그러나 이들은 콘서트 일정에 대한 정보 습득이나 티켓 구매 등에 어려움을 겪고 있다고 한다. 연말에는 매우 많은 가수가 콘서트를 열고 있어서 국내의 팬들만으로는 객석을 모두 채우는 것이 쉽지 않다. 따라서 해외의 관광객을 적극적으로 유치하는 것이 필요하다. 국내의 여행 업체와 콘서트를 열고자 하는 아티스트를 연결해주는 시스템을 갖추기만 한다면, 한류 스타로 널리 알려진 대형 스타들의 콘서트 이외에도 홍대 부근 클럽에서 열리는 작은 콘서트까지 모두 관광 상품과의 연계가 가능하다. 티켓 구매와 숙소 예약 등 편리하게 입국하여 관람이 가능하도록 패키지 상품을 마련하면 좋을 것이다.

5) 해외 유학생을 이용한 구전 마케팅

2011년을 기준으로 한국의 해외 유학생 수는 28만 9,288명에 이른다. 이들 해외 유학생은 대부분 해외에서도 한국의 음악을 듣고 있으며, 현지의 언어와 사정에 익숙하다. 이들은 대체로 한국어가 지원되는 컴퓨터를 이용하여 국내의 정보를 탐색하고 팬카페 활동을 하는 등, 적극적인 음악 상품의 수용자다. 따라서 이들이 현지에서 스스로 한국의 음악을 홍보하고 구전 마케팅을 펼칠 수 있도록 유도하는 것이 필요하다.

기업의 후원으로 개최되는 페스티벌이 점차 확산되고 있다는 점은 매우 고무적인 현상이다. 기업 입장에서 볼 때는 자사 홍보 효과가 있으며, 관객의 입장에서는 인하된 가격에 여러 아티스트를 한꺼번에 만날 수 있다는 일석삼조의 효과가 있다. 기업의 사회공헌 사업의 일환으로 이와 같은 페스티벌을 장려하는 것이 필요하다. 가령 촛불시위와 같은 국민들의 의견 표명 활동을 페스티벌과 연계하여, '독도 지킴이 페스티벌'과 같이 의미 있고 참여율이 높은 페스티벌을 개최하도록 권장하는 것도 방법이다. 한편 기업의 후원이 없는 그 외 콘서트의 비용은 학생들에게 부담이 되는 것이 사실이다. 따라서 학생 할인 제도나 혹은 여러 콘서트에 참가할 때는 가격 할인을 해주는 제도 등을 도입한다면 더 많은 수요를 기대할 수 있을 것이다.

이와 같은 콘서트나 페스티벌이 많이 개최된다고 하더라도, 이를 해외 유학생들에게 알릴 수 있는 홍보 방법이 문제가 된다. 관심을 가지고 인터넷을 검색하여 표를 예매하는 적극적인 수용자도 있겠으나, 해외에서 공부하며 방학에만 귀국하는 유학생들은 국내의 사정을 잘 모를 수 있다. 그러므로 각국의 유학생 학생회와 연계하여 학생회를 통한 직접적인 안내와 예매가 이루어질 수 있는 길을 마련하는 것도 한 방법이다. 또한 이들이 한국의 음악을 접하고 외국인에게 홍보하는 매개체의 역할을 수행할 수 있도록, 이들이 현지 학교의 문화 페스티벌 등의 행사에서 한국 음악을 소개할 수 있는 정보와 후원도 필요하다.

6) 현지화 전략

현지화 전략을 적극적으로 추진하고 있는 SM엔터테인먼트는 소속 가수들이 현지의 언어를 완벽하게 구사하도록 하는 것과 더불어, 현지에서 신인을 직접 기용하여 그룹에 포함시키거나 혹은 단독으로 국내에 데뷔시키는 등 해외의 관심을 모으고 뉴스가 될 수 있는 전략을 펼치고 있다. 이와 같이 외국의 현지인과 함께하는 현지화 전략은 한국의 상품만을 수출하는 것이 아니라, 그 나라의 상품도 국내로 수입한다는 '프렌드십friendship'의 표출로 상대국의 호감을 얻을 수 있으며, 한국 아티스트가 해외로 진출할 때 쉽게 인지도를 높일 수 있는 방법이기도 하다.

한편 '뮤직큐브'와 '내가네트워크' 등 음악 생산자들의 저작권을 관리하는 업무를 하는 기업들은 보유 음악 콘텐츠의 수출 및 프로모션을 통하여 발생한 저작권료의 징수·분배를 전문적으로 담당한다. 뮤직큐브는 일본의 퍼블리싱 회사인 니치온NICHION과 손을 잡고 해외에 신곡을 수출하는 데 주력하고 있다. 니치온에 노래를 보내고 일본 가수의 음반 혹은 드라마·CF 등에 삽입되도록 프로모션을 하여, 저작권료가 발생하면 본사에 징수·분배하는 시스템이다. 현재 동남아시아 지역 퍼블리싱 회사와도 협의 중이며, 향후 북미 지역 진출까지 계획하고 있다.

해외 퍼블리싱의 경우, 소속 작곡가들의 노래를 데모 CD로 제작하여 국내 직배사에 보내주고 프로모션을 펼치는 방식을 취하고 있다. 데모 CD에는 주로 히트곡이 담기지만 신곡을 모아서 보내는 경우도 있으며, 해외에서 특정 가수의 노래를 리메이크하고 싶다는 요청이 있을 경우 곡당 사용 승인을 해주기도 한다. 이는 음반 상품을 제작하는 비용이 들지 않으며 지적인 창조활동만으로 저작권 수익이 발생하는 미래지향적 음악 산업의 부분이나, 아직까지는 국내 노래를 우연히 접한 해외 음반 업체가 리메이크 등 사용 요청을 할 뿐 음원 수출을 위한 회사의 적극적인 프로모션은 미진하다. 현재 정책적으로 지원되고 있는 '해외 음악 전시회' 등에서 작곡가들의 작품이 담긴 데모 CD를 이용하여 적극적으로 음악을 알리고, 작곡 의뢰가 손쉽게 이루어질 수 있도록 절차나 의뢰 방법, 연락처 등을 명기한 브로슈어를 제작하여 배포하는 등의 홍보 활동이 필요하다.

7) 미디어를 활용한 전략

(1) 텔레비전

텔레비전 방송은 가장 영향력 있는 미디어로 알려져 있다. 따라서 음악 산업도 텔레비전 방송이라는 미디어를 통해서 대중에게 다가가기 위한 노력을 계속해왔다. 이는 기존에 존재하던 각 방송사의 음악 프로그램들을 통해서 이루어졌다. 인기 순위를 정하는 가요 순위 프로그램들과 다양한 세대를 아우르는 음악 프로그램, 그리고 음악과 토크를 겸하는 음악 전문 프로그램 등 여러 형태의 텔레비전 방송 프로그램이 제작되어왔다.

2010년 이후 서바이벌 오디션 프로그램이 인기를 얻으면서 새로운 형태의 텔레비전 음악 방송 프로그램이 가세했다. 2011년 3월에 MBC의 〈우리들의 일밤〉이라는 텔레비전 프로그램에 '나는 가수다'라는 새로운 코너가 신설되었다. 이 프로그램은 자타가 공인하는 대한민국 최고의 가수들 7명이 모여서 서바이벌 형식으로 경연을 펼친 뒤, 청중평가단의 투표를 통하여 탈락자를 선정하는 방식으로 진행되었다. 아이돌 그룹 일색이던 음악 프로그램에서 볼 수 없었던 가창력이 뛰어난 가수들을 한 무대에서 볼 수 있다는 점 때문에 '나는 가수다'는 방송 초반부터 각 연령대의 시청자들에게서 뜨거운 호응을 받았다. 1주 또는 2주의 준비 기간을 거쳐서 최고의 경연을 펼쳐야 하는 부담감은 아무리 경력이 많은 가수들이라도 긴장할 수밖에 없도록 만들었다. '나는 가수다'는 방영 초기에 탈락자 선정에 대한 공정성 논란에 휩싸여서 결방되기도 하고, 급기야 책임 프로듀서가 교체되는 과정을 겪기도 했다. 그럼에도 '나는 가수다'는 최고의 가수들이 펼치는 최고의 무대라는 콘셉트를 잘 살려서 대중에게 큰 화제가 되었다.

'나는 가수다' 열풍은 경연에 참여했던 대부분의 가수에게 경연 결과와 상관없이 대중에 의하여 재발견되는 기회를 제공했다. 순위를 매기는 것이 큰 의미가 없을 정도로 거의 모든 출연 가수가 CF, 드라마 OST, 콘서트 등 이전에 볼 수 없었던 왕성한 활동을 펼치게 되었다. 특히 방송 후 경연 무대에서 불렀던 각 가수들의 노래는 온라인 음원 판매 순위에서도 항상 상위권을 차지할 정도로 인기가 높았다. 이는 아이돌 그룹의 댄스곡들이 항상 높은 순위를 차지하던 온라인 음원 시장에 변화를 가져오는 요인이 되었다. 최신 트렌드를 도입하여 공식대로 만들어내는 음악이 아니라, 실력 있는 가수와 편곡자가 자신만의 노래를 만들기 위하여 최선을 다하는 과정과 결과가 음원 시장, 그리고 나아가 음악 산업 전반에 새로운 바람을 일으킨 것이다.

'나는 가수다'의 방영 초기에는 모든 음원 차트의 상위권을 '나는 가수다'에서 출연 가수들이 부른 노래들이 차지했다. 이때 가요계에서는 신곡이 설 자리를 기존의 곡들이 다시 차지하게 되어 새로운 음반이 나오지 못하는 결과를 낳고 있다는 우려의 목소리가 높았다(서병기, 2011). 이는 명곡의 재해석이라는 밝은 면에 대응하는 어두운 면이었다. 이후 방송이 거듭될수록 '나는 가수다'의 음원과 새로운 가수들의 신곡 음원이 균형을 이루어감에 따라 이러한 불평은 점차 사라졌다.

KBS에서는 〈자유선언 토요일〉이라는 프로그램에 '불후의 명곡'라는 코너를 신설하여, 여러 가수들이 선배 가수들의 노래를 불러서 경연하는 무대를 마련했다. '불후의 명곡'은 기존 가수들이 다른 가수들의 노래를 불러서 평가단의 심사를 받아 순위를 선정한다는 점에서 '나는 가수다'와 형식이 매우 비슷했다. 하지만 '나는 가수다'의 출연 가수들에 비하여 젊은 가수들이 출연하고, 최하위가 탈락하는 것이 아니라 매주 1위를 선정한다는 점에서 차이가 있었다. 가창력이 뛰어난 젊은 가수들에게 무대에서 자신의 실력을 발휘할 수 있도록 기회를 제공해준다는 점이 이 경연 프로그램의 장점이라 할 수 있다. '불후의 명곡'이 '나는 가수다'와 다른 또 한 가지는 출연 가수가 부른 노래의 음원을 공개하지 않아서 계속적으로 소비되지 않는다는 점이다. '불후의 명곡'도 음원을 제공했다면 '나는 가수다'에 못지않은 영향력을 발휘했을 것으로 전망된다(서병기, 2011).

이와 더불어 〈슈퍼스타K〉, 〈위대한 탄생〉, 〈TOP밴드〉 등 전 국민 오디션 프로그램 또한 음악 산업에 큰 영향을 주었다. 2009년부터 Mnet이라는 케이블 채널에서 시작한 〈슈퍼스타K〉는 일반인들을 대상으로 가수의 꿈을 실현시켜주는 오디션 프로그램이다. 음악에 대한 특출한 기량을 가진 일반인들이 가수라는 꿈을 이루기 위해서 도전하고, 심사위원들 또는 멘토들의 평가와 선택을 받아서 최종 우승을 할 경우 가수가 되는 기회를 얻게 된다는 콘셉트다. 이는 미국의 〈아메리칸 아이돌〉, 영국의 〈The X-Factor〉와 같은 형식이다. 〈슈퍼스타K〉는 비록 새로운 포맷은 아니었지만 실력 있는 참가자들이 화제가 되면서 케이블 채널에서 방송된 프로그램으로서는 매우 높은 시청률을 기록하기도 했다. 이 프로그램을 통해서 서인국, 허각, 존박, 장재인, 강승윤, 울랄라세션, 버스커버스커, 투개월 등 새로운 실력파 가수들이 배출되었고, 이들은 프로그램이 끝난 이후 음반 발표 및 방송 활동의 기회를 얻게 되었다.

2010년 11월에 시작된 MBC의 〈위대한 탄생〉 또한 공개 오디션 프로그램이다. 〈위대한 탄생〉은 한국뿐 아니라 일본, 중국, 미국, 동남아 등에서도 오디션을 실시했다. 예선을 통과한 참가자들은 기존 가수들과 작곡가들의 선택을 받게 되었고, 이후 멘토링을 통하여 실력을 쌓아 본선 무대에서 서바이벌 경연을 벌였다. KBS의 〈TOP밴드〉 역시 서바이벌 오디션 프로그램에 속한다. 〈TOP밴드〉는 아마추어 밴드들에게 무대에 설 수 있는 기회를 제공했다. 심사위원들의 선택을 받은 밴드들만이 본선에 참가하게 되었고, 토너먼트 형식으로 우승팀이 가려질 때까지 경연을 벌여나갔다.

이처럼 공개 오디션 프로그램은 누구나 가수가 될 수 있도록 기회를 제공한다는 점 외에도, 음악 산업에 미치는 긍정적인 영향이 크다. 이들 프로그램에 참가하는 사람들은 다양한 음악 장르를 소화해내야 하는 과제를 부여받는다. 이는 다양한 음악을 대중에게 전달해줄 수 있다는 장점이 있다. 비주류의 음악을 접하게 하여 음악에 대한 대중의 인식을 변화시키기도 하는 것이다. 그리고 획일적인 음악 표현에 머무르지 않고, 음악가의 개성을 살려 표현을 풍성하게 하도록 하는 순기능도 담당했다(한국콘텐츠진흥원, 2011).

(2) 라디오

과거에 라디오는 다수의 대중이 음악을 접할 수 있는 매우 좋은 매체로 이용되었다. 라디오 프로그램들은 주로 진행자DJ의 이야기와 함께 음악을 전달했으며, 청취자들은 듣고 싶은 곡을 신청하기도 했다. 그런데 인터넷과 MP3의 등장에 라디오는 더 이상 음악을 전해줄 필요가 없게 되었다. 인터넷의 음악 사이트의 스트리밍 서비스를 통하여 사람들은 듣고 싶은 곡을 언제나 손쉽게 들을 수 있게 되었기 때문이다. 라디오 프로그램 시간에 맞추어 귀를 기울일 필요 없이, 아무 때나 자신이 원하는 시간에 인터넷에서 음악을 듣고, 또 그 음악을 MP3 파일로 구매하여 재생기기에 넣어 가지고 다닐 수 있게 된 것이다.

이에 따라 현재의 라디오 방송은 음악의 송출보다는 출연자와 이야기를 나누거나 청취자가 보낸 글을 읽고 대화하는 등 인물 간 소통에 중점을 두고 있다. 청취율을 높이기 위한 방편으로 각 방송국은 인터넷을 통해서도 라디오 청취가 가능하도록 프로그램화하고 있으며, '보이는 라디오'라는 시스템을 도입하여 현재 프로그램이 진행되고 있는 스튜디오의 모습을 동영상을 이용하여 실시간으로 청취자에게 전송한다.

즉, 현재의 라디오 방송은 과거와 그 성격이 많이 바뀌어 있다. 과거의 라디오가 주파수를 맞추어 일방적으로 흘러나오는 음악을 듣기 위한 매체였다면, 현재의 라디오는 청취자가 방송을 보고 들을 수 있으며 인터넷과 휴대전화를 이용하여 적극적으로 참여할 수 있는 매체로 바뀌었다. 이에 따라 가수가 라디오에 출연하면, 인터넷에서 언제든지 들을 수 있는 녹음된 노래가 아닌 라이브를 들려주는 경우가 많다. 매니저가 새로 나온 음반을 라디오 진행자에게 전해주며 음반 홍보를 하는 것이 아니라, 가수가 직접 라디오에 출연하여 자신의 근황을 이야기하고 자신의 노래를 직접 불러주는 형태로 전환된 것이다.

따라서 새 음반이 출시되면 대부분의 가수들은 홍보를 위해서 텔레비전과 함께 라디오의 프로그램에 열심히 출연한다. 다른 측면에서 보면 라이브 실력을 갖추지 못한 가수들은 라디오 방송에 출연하기 어려운 상황이 되었다. 출연자에 대한 즉각적인 반응이 인터넷 게시판과 휴대전화로 이루어지기 때문이다.

한편으로는 이와 같은 반응을 적극적으로 표현하는 청취자들은 출연자의 팬인 경우가 많다는 단점이 있다. 팬클럽이나 팬카페의 활성화로 인하여 팬들은 자신이 좋아하는 연예인의 스케줄을 미리 알 수 있다. 좋아하는 가수 등이 라디오에 출연하면 이들은 조직적으로 프로그램의 게시판 등에 글을 올린다. 만일 팬이 아닌 일반 청취자가 출연자를 비난하는 글을 올리기라도 하면 팬들은 거세게 반응한다. 그럼에도 방송국은 휴대전화로 메시지를 보내는 시스템을 통하여 부가 수입을 올릴 수 있기 때문에 이를 장려하고 계속 메시지를 보내도록 유도한다. 이러한 현상은 팬이 아니면 프로그램에 재미를 느끼지 못하는 결과를 낳을 수 있고, 오히려 청취율을 떨어뜨리는 원인으로 작용할 수도 있다. 심야에 방송되는 음악 중심의 프로그램들의 호응도가 높다는 점을 고려하여 라디오 본연의 음악 감상 기능을 강화시키는 쪽으로 다시 방향을 바꾸는 시도가 필요한 때다.

이러한 맥락에서 미국에서 이미 상용화되어 있는 인터넷 라디오 방송과 위성 라디오 방송에 대하여 간단히 소개하고자 한다. 인터넷 라디오는 현재 국내에서도 방송되고 있는 시스템이다. 국내의 인터넷 라디오 방송은 '멜론 라디오'와 같이 보통의 라디오 프로그램을 인터넷 매체를 통해서 방송하고 있으나, 미국의 경우 약간 다른 형태를 지닌다. 가장 점유율이 높은 것은 AOL, 뮤직매치Musicmatch, 야후 등인데, 이들은 수용자에게 맞춤형 서비스customized service를 제공한다. 예를 들어 뮤직매치는 아티스트매치Artistmatch 채널을 통하여 수용자가 선택한 아티스트와 관련된 다른 아티스트를 소개하는데, 이는 마치 아마존이 고객이 구매한 책과 비슷한 장르의 책을 소개하는 것과 유사하다. 미국의 인터넷 라디오 방송은 이와 같이 새로운 노래, 특히 인디 레이블이나 아티스트 하나하나를 소개하는 데 매우 효과적으로 작용한다.

위성 라디오 방송은 위성을 통해서 CD과 비슷한 품질의 음악을 수용자의 집이나 자동차의 라디오로 전송한다. 미국에서는 이미 300만 개 정도의 위성 안테나가 설치되었을 정도로 보편적인 매체다. 수용자는 위성 라디오를 사용하여 매우 폭넓은 장르의 음악을 감상할 수 있다. 위성 라디오 방송은 라디오 기기를 통하여 현재 나오고 있는 음악의 아티스트와 제목을 디스플레이하기 때문에 새로운 음악을 수용자에게 소개하기에 매우 적절하다. 장르의 선택이 손쉽고 자동차에서도 편리하게 들을 수 있다는 점에서 위성 라디오 방송이 일반화된다면 큰 반향을 일으킬 것이다.

(3) UCC

인터넷 매체의 위력이 점차 커지고 있는 현재, 인터넷을 통한 음악의 홍보에 가장 흔하게 사용되고 있는 것 중 하나가 바로 UCC이다. UCC란 'User Created Contents'의 약자로, 사용자가 만든 영상을 뜻한다. 기존의 매체들은 만들어진 콘텐츠를 대중이 감상할 수만 있었던 것에 비하여, 인터넷은 대중 스스로 콘텐츠를 만들고 그것을 다른 사람들에게 보여줄 수 있다는 큰 특징이 있는데, UCC는 이러한 인터넷의 특징을 잘 살린 기법이다.

유튜브와 같은 사이트들에 의하여 UCC가 네티즌의 인기를 끌면서, 최근에는 UCC를 이용한 광고까지 등장하고 있는 실정이다. 신인 가수들 역시 UCC를 이용하여 자신의 노래 실력을 과시하는 방법으로 네티즌의 화제를 모으는 홍보 전략을 펼치는 경우가 늘어나고 있다. 특히 데뷔하기 직전에 UCC를 퍼뜨림으로써 대중의 호기심을 자극하는 PR 기법은 이제 흔하게 찾아볼 수 있다. 대표적으로 그룹 8eight는 '노래 불러드릴까요'라는 UCC 시리즈를 만들어 화제가 되었다. 길거리를 다니며 지나가는 사람들에게 노래를 불러주는 광경을 담은 것으로 뛰어난 즉흥 라이브 실력을 선보였다. 또한 가수 케이윌은 2007년 데뷔를 앞두고 연습실에서 머라이어 캐리의 노래를 부르는 장면의 UCC를 인터넷에 배포하여, 남자 가수임에도 상당한 수준의 고음을 소화하는 실력을 과시하여 '여자 머라이어 캐리'라는 별명을 얻은 바 있다.

인터넷을 통하여 스타가 된 가수의 대표적인 인물로 조PD가 있다. 그는 UCC가 유행하기 훨씬 전 자신의 노래를 인터넷에 올려 네티즌의 열광적 반응에 의하여 가요계로 진출한 가수다.

조PD의 성공으로 기획된 가수가 아니어도 대중의 인기를 얻을 수 있다는 희망적 예측을 하기도 했으나, 실제로 그 이후 크게 성공을 거둔 가수는 별로 없다.

그런데 UCC의 활성화에 따라 조PD의 뒤를 이어 기획사의 의도 없이 네티즌의 지지를 받아 음반을 낸 그룹이 탄생했다. 바로 가리나 프로젝트가 그들인데, 이들의 자연스러운 가사와 영상은 네티즌의 폭발적 호응을 얻어내어 싸이월드와 다음, 키위닷컴 등 주요 동영상 사이트에서 매번 10만 클릭 이상을 기록하며 화제를 모았다. 또한 1집 타이틀곡 「텔미텔미」는 CF의 배경음악으로 사용되었으며, 공중파 텔레비전 프로그램에 출연하여 시청자의 호평을 얻는 등 인터넷 베이스의 홍보가 대중적 인기로 이어질 수 있다는 희망을 보여주었다.

UCC는 신인 가수의 시선 끌기에만 유용하게 사용되고 있는 게 아니다. 2007년 최고의 히트곡이었던 원더걸스의 「텔미」는 뮤직비디오에서 복고풍의 춤을 선보였다. 쉽고 단순한 이 노래의 안무는 선풍적인 인기를 끌었다. 노래에 맞추어 이 춤을 따라 하거나 패러디한 UCC들이 인터넷의 동영상 사이트에 올라왔고, 덩달아 「텔미」는 빅히트를 기록했다. 일방적으로 가수의 모습을 보여주는 텔레비전과는 달리, 대중의 호응이 그대로 드러나는 온라인의 영향력이 음반을 히트시키는 데 텔레비전 못지않다는 것을 보여준 실례라고 할 수 있다. 무엇보다도 전 세계적인

K-POP 열풍이 가능했던 가장 중요한 요인은 인터넷의 보급과 UCC 사이트의 활용이었다.

Outro

음악 시장의 미래,
성공과 실패의 갈림길에서

음악은 시대와 환경에 따라 변화해왔다. 예술에서 상품으로, 종이(악보)에서 소리로, 유형의 음반에서 무형의 음원으로 점진적 또는 획기적인 변화를 거듭했다. 앞서 살펴본 대로 음악을 생산하고 판매하는 기업들이 생겨나고 산업적인 구조를 갖춘 이래로, 음악 산업 또한 여러 차례 전환점을 맞이했다. 그중 디지털 기술의 발달은 음악 산업 전반에 큰 영향을 미치며 새로운 지형을 형성했다. 때로는 성공의 기회를 제공하기도 하고, 때로는 산업 존폐의 위기를 불러일으킬 정도로 막대한 영향을 미치고 있다.

인터넷 보급과 디지털 기술의 등장으로 기존 음반 산업의 비즈니스 모델은 무너졌다. 음질의 저하 없이 손쉽게 음악 파일을 인터넷을 통하여 얻을 수 있게 됨으로써 불법 다운로드 비율이 급증했기 때문이다. 음반 산업의 위기는 자본주의 체제 내에 흡수되지 못하는 새로운 음악 유통 시장의 등장에서 기인했다. 지적재산권이 보호되지 못하고 음성적인 음악 유통 시장이 성행하게 되면, 창작자들은 이런 무형의 상품에 대한 대가를 정당하게 받지 못하게 되며 결국 창작 의욕이 감퇴된다는 것이 경제적 시각에서 바라보는 관점이다. 그래서 각국 정부와 음악 산업 단체는 상거래가 오가는 자본주의 체제가 수용할 수 있는 디지털 음악 시장과 디지털 지적재산권 보호를 위하여 국제 협력, 인터넷 서비스 사업자와의 협력, 교육 캠페인 등 다양한 노력을 경주해왔다.

이미 새로운 디지털 환경을 거스르는 것은 불가능해 보인다. 문제는 과연 어떤 방식으로 비즈니스 수익 모델을 구축하느냐는 것이다. 이는 앞으로 끊임없이 제기될 이슈이기도 하다. 휴대전화 유통 채널을 통한 통화연결음, 대기음 시장의 빠른 성장, 싱글 트랙 음반의 선호, 라이브 공연, 공연 투어 활성화 등 다양해진 음악 유통 채널과 더불어, 다각도로 소비자 만족 전략을 전개한다면 전 세계 음악 시장의 전망이 비관적이지 않을 것으로 보인다. 음악은 디지털 기술과 함께 진화하고 있으며, 음악을 제작하여 판매하는 사람이나 이를 소비하는 사람 모두 디지털 기술을 활용하여 수익을 창출하거나 편의를 도모하고 있다.

전 세계적으로 음악 산업 내에서 음반 산업의 규모는 점차 감소하고 있으며, 디지털 음원 산업은 급속도로 증가하고 있다. 국내 음악 산업의 경우에는 이미 음원 산업이 음반 산업을 추월한 상황이다. 향후에도 음악 산업에서 온라인 음악 시장이 차지하는 비중은 지속적으로 더욱 커질 것으로 전망된다. 디지털 음악 산업이 발전하기 위해서는 저작권에 대한 인식 확대, 합리적인 수익 배분 구조 형성이 선결 과제로 남아 있다.

또한 글로벌 시장을 지배하는 K-POP 열풍이 지속되기 위해서는 장르의 다양화 및 차별화가 수반되어야 하고, 현지 사정에 알맞은 음악 제작·유통·공연을 개발해서 체계화시키는 작업이 필요하다. 음악 산업의 미래는 성공과 실패의 갈림길에서 어떠한 변화를 추구하느냐에 달려 있다. 사회가 변하고 대중이 변화하기 때문에 음악 산업 또한 변화하지 않으면 사장될 위기를 맞을 것이다. 하지만 기술적인 지원과 음악 관련 종사자들의 노력으로 양질의 콘텐츠를 생산해낸다면 무한한 기회를 얻게 될 것이다.

최근 스마트폰 이용자가 큰 폭으로 늘어나면서 음악을 듣는 수단이 CD에서 디지털 파일로 넘어가고 있다. 그러나 2011년 미국 음악 산업 보고서에 따르면, CD 판매량이 전년 대비 5.7% 줄어든 것과는 대조적으로 LP 판매량은 36% 성장했다고 한다. 40대 이상 음악 애호가의 LP에 대한 향수로는 이 현상을 설명하기 충분치 않다. 음악 산업은 미디어 기술의 발전에 가장 크게 영향을 받는 산업인 동시에, 앞으로의 트렌드를 쉽게 예측하기 어려운 산업이다. 급변하는 국내 상황과 미국 문화가 다르긴 하지만, 가장 아날로그적 음악 매체인 LP가 부활할지는 아무도 모를 일이다.

부록

음악 산업의 10가지 진실과 5가지 신화

쿠섹과 레온하르트Kusek and Leonhard는 그들의 저서 『음악의 미래The future of music』(2005)에서, 음악 산업이 앞으로 나아가야 할 방향을 제시하면서 다음과 같은 10가지 진실과 5가지 신화를 소개했다.

미국의 음악 업계에서 활동하는 저자들은 자신들의 경험을 토대로 이와 같은 진실과 신화를 도출했다. 이들의 주장은 한국의 상황과 약간 차이가 있을 수 있으며, 또한 반드시 옳다고도 할 수 없다. 그러나 한번쯤 짚어보며 참고할 가치는 충분하다.

10가지 진실	5가지 신화
1. 음악은 그 어느 때보다 크게 관심을 받고 있다. 음악 시장은 생생하게 살아 있다. 2. 음반 산업은 음악 산업과 같은 것이 아니다. 3. 아티스트는 브랜드이며, 엔터테인먼트는 중심 유인 요소다. 4. 아티스트와 매니저가 미래를 결정한다. 5. 음반 수입은 심각해진다. 6. 라디오는 더 이상 소비자가 새로운 음악을 찾는 첫 번째 방법이 아니다. 7. 디지털 니치 마케팅은 매스 마케팅보다 우월하다. 8. 소비자는 더욱 편리하고 가치 있는 것을 요구하고 얻는다. 9. 현재의 가격 모델이 밝혀지고 있다. 10. 음악은 움직이는 것, 음악은 액체와 같이 흐르는 것이다.	1. 음악은 생산물이다. 2. 파일 공유는 음악 산업을 망친다. 3. 저작권은 선형(linear)이며, 아이디어는 소유할 수 있다. 4. 음악가는 큰 수입을 얻기 위하여 음악을 만든다. 5. 아티스트의 경력을 쌓기 위해서 자금이 많이 필요하다.

진실 1: 음악은 그 어느 때보다 크게 관심을 받고 있다. 음악 시장은 생생하게 살아 있다.

멀티플렉스 영화관이 들어서면서 영화 관람이 명절 의식에서 일상적인 오락으로 변모한 것과 동일하게, 디지털 음원의 발달은 음악 감상과 소비를 더욱 편리하고 간단하게 만들고 있다. 10대에서 20대까지로 한정되었던 음악 소비자층은 현재 10대 미만의 세대와 30대, 40대 장년층까지 확대되었다. 한편 휴대전화의 벨소리, 통화연결음, 블로그의 배경음악과 같이 음악은 자기 자신을 표현하는 수단으로도 이용되고 있으며, 드라마와 영화의 OST, 컴퓨터 게임의 배경음악 등 더욱 많은 분야에서 활용되고 있다. 이러한 측면에서 음악에 대한 대중적 관심을 과소평가할 수는 없다고 여겨진다. 음악은 현재 더 많은 관심을 받고 있으며 활발하게 소비되고 있다.

진실 2: 음반 산업은 음악 산업과 같은 것이 아니다.

바로 이것이 음악 시장의 가장 큰 문제점일 것이다. 음악 산업 자체의 규모가 줄어든 것은 아니지만, '음반' 산업은 무너지고 있다. 다시 말해 음악을 상업화하여 아티스트와 소비자의 중간에서 매개자 역할을 하던 제작사들이 무너지고 있다는 의미다. 무대 위에서 노래하는 것을 최종 목표로 하는 아티스트와는 달리 제작자는 사업가다. 사업가는 최대한의 수익 창출이 목적이므로 수익이 보장되지 않는 사업은 시도하려 하지 않는다. 따라서 소비자의 지대한 관심이 수익으로 이어지지 않는 음원 중심의 음악 산업에서 제작사들은 수익 증대를 위한 여러 방편으로 눈길을 돌리고 있다. 그럼에도 아티스트를 꿈꾸는 젊은이들이 줄어드는 것은 아니다. 가수가 희망인 젊은이의 숫자는 오히려 더 늘고 있으며 연령대도 점점 낮아지고 있다. 그렇다면 거대한 규모와 관심을 유지하고 있는 음악 산업의 수익성을 어떻게 높일 것인가? 이 문제에 대한 해답이 바로 한국 음악 산업을 회생시킬 수 있는 길일 것이다.

진실 3: 아티스트는 브랜드이며, 엔터테인먼트는 중심 유인 요소다.

음악 산업의 수익성이 낮아지면서 음반 제작사의 관심은 엔터테인먼트로 이동되고 있다. 2007년 최대의 히트곡인 빅뱅의 「거짓말」이 수록된 미니앨범의 판매량은 한국음악콘텐츠산업협회 집계로 약 5만 장 정도에 불과하다. 그러나 음반 판매 이외 부가적 수입은 모두 120억 원에 달하는 것으로 알려져 있다. 음반 수입 외에 디지털 음원의 다운로드, 휴대전화의 벨소리, 통화연결음을 비롯하여 블로그와 미니홈피의 배경음악 판매를 모두 합한다 해도 120억의 수입은 불가능하다. 총수입의 70%는 광고를 통한 수익금인 것이다. 또한 대학교 축제를 비롯한 공연 수입도 무시할 수 없다. 일반적으로 빅뱅과 같은 최고 인기가수의 경우 행사 1회에 2,000만 원가량의 참여금을 받는다. 결국 광고 모델이 될 수 있는 신뢰도와 인기도의 유지, 그리고 콘서트와 음악

행사에서 관객을 모을 수 있는 엔터테인먼트적 요소는 아티스트가 갖추어야 할 중요한 능력이다.

한편 2008년 7월, 4년 6개월 만에 8집 앨범 「모아이」로 컴백한 서태지는 음반 30억 원, 광고 10억 원, 공연 40억 원 그리고 음원과 기타 사업으로 20억 원 등 모두 100억 원의 매출액을 기록한 것으로 알려졌다. 오랫동안 활동을 하지 않은 서태지가 컴백 앨범으로 높은 매출을 올린 것은 그의 브랜드 효과 덕분이다. 본격적인 컴백 활동을 하기 직전 그의 모든 앨범을 합하여 9만 7,000원이라는 고가에 판매했음에도 1만 5,000장의 한정판이 모두 팔려 나갔으며, 8집 싱글 앨범 역시 발매와 동시에 15만 장이 판매되었다. 이는 한때 '문화 대통령'이라 불리며 청소년층의 정서를 대변했던 서태지에 대한 음악적 신뢰감의 표현이라 할 수 있다.

모든 음악을 스스로 만드는 서태지는 청소년들의 반항적인 심리를 가사로 승화하여 큰 호응을 얻었으며, 그를 지지하는 층에게는 정신적 지도자와 같은 존재다. 특히 대중가수인데도 텔레비전에 자주 출연하지 않는 신비로운 이미지를 창출하여, 더욱 지적이고 고급스러운 브랜드 이미지를 만들었다. 서태지라는 브랜드 효과는 대규모 라이브 공연 〈ETPFEST 2008〉과 심포니 오케스트라의 협연 공연을 성공적으로 이끌었고, GM대우의 자동차 광고 모델로서 큰 수익을 가져다주었다. 종래에는 텔레비전의 음악 프로그램과 라디오 프로그램을 통하여 수동적인 소비자에게 새로운 음악이 전달되었으나, 현재는 인터넷의 음악 사이트 등에서 소비자는 적극적으로 정보를 추구한다. 역으로 생각하면 신인 아티스트가 자신을 알릴 수 있는 기회는 더욱 줄어들었다고 볼 수 있다. 이에 따라 소비자가 음악을 소비하는 데에 아티스트의 브랜드 효과는 매우 중요한 선택의 기준이 되고 있다.

진실 4: 아티스트와 매니저가 미래를 결정한다.

'아티스트와 매니저가 미래를 결정한다'는 말은 음악 산업의 미래는 음반 제작자가 아닌 아티스트와 매니저라는 의미다. 미국은 유니버설, EMI 등 거대 음반 제작 회사가 소속 아티스트들을 관리하며, 음원에 대한 저작권을 소유하고, 음악 산업계에서 크나큰 영향력을 행사한다. 그러나 한국의 음반 제작자는 음반의 제작만을 담당할 뿐, 아티스트는 주로 기획사에 소속되어 있으며 음원에 대한 저작권은 작곡가가 소유한다.

현재 한국에서 음악 산업을 이끄는 주인공이 기획사라면, 미래에는 작곡가와 아티스트가 그 자리를 대신할 것이다. 음반 제작의 수익성이 감소되면서 기획사들은 아이돌 가수로서 인지도를 높인 후 그를 연기자 등 엔터테이너로 전환시켜 수익성을 높이는 방법을 사용하고 있다. 따라서 음악 산업은 '노래를 부르는 것'이 수익과 상관없이 천직이라 여기는 아티스트들이 이끌게 될 것이며, 저작권에 대한 국민 의식이 자리 잡아가면서 저작료를 받는 작곡가들의 수입이 많아지고, 많은 히트곡을 내는 작곡가는 영향력을 지니게 되기 때문이다.

진실 5: 음반 수입은 심각해진다.

한국의 음반 산업은 이미 수익성이 상당히 감소되었다. 2007년 한 해 동안 가장 많이 팔린 음반이 19만 8,000장으로 20만 장이 채 되지 않는다. 5,000장의 판매량을 기록한 음반이 판매 순위 100위 내에 드는 현실이다. 음반의 제작 비용이 5~7억 원가량인 것을 감안하면, 음반 대다수가 음반 판매만으로 손익분기점을 넘기기 힘든 상황이다. 제작사에게 돌아가는 음원판매금의 수익에 비하여 음반의 판매 수익이 높기 때문에 제작사는 음반의 제작을 포기하기가 어렵다.

그러나 음악 시장은 음반에서 음원 판매로 이미 소비의 형태가 전환되었다고 볼 때, 음반은 이제 소장 가치 이외에는 제 기능을 하지 못하고 있다. 소장 가치를 높이기 위하여 일반적인 CD 케이스의 형태에서 벗어나 종이박스형(써드코스트), 미닫이형(거미 4집), 백과사전형(서태지 기념음반) 등 독창적인 케이스에 사진과 포스터, 스티커 등을 포함하는 CD를 발매하는 경우가 늘어났다. 대량 판매 시대가 끝난 음반은 소장용으로 소량 제작·판매하고, 음원 판매와 더불어 공연, 광고 등 엔터테인먼트 분야를 아우르는 마케팅이 필수적이다.

진실 6: 라디오는 더 이상 소비자가 새로운 음악을 찾는 첫 번째 방법이 아니다.

라디오를 켜면 노래가 나오던 시대는 이미 끝났다. 온라인 음악 사이트를 이용하면 자신이 원하는 시간에 원하는 노래를 자유롭게 들을 수 있다. 더욱이 스트리밍 서비스를 이용하면 한 달에 3,000원 정도의 저렴한 가격으로 국내에 소개되는 거의 모든 음악을 감상할 수 있다. 대부분의 음악 사이트는 새로 출시된 음반 혹은 음원을 초기 화면에 소개하고 있으며, 순위 차트를 통하여 인기 있는 음악을 찾을 수 있게 하고 있다. 라디오의 음악 프로그램을 기다리고 가사를 적는 광경은 이제 추억 속에서만 남아 있을 뿐이다.

라디오는 이제 그 성격을 바꾸고 있다. 온라인 음악 사이트는 녹음된 음악만을 들을 수 있으므로, 라디오의 음악 프로그램은 아티스트가 직접 출연하여 라이브를 들려주는 것이다. 혹은 아티스트의 신변잡기를 주제로 진행자와 이야기를 나누기도 한다. 즉, 라디오는 이제 아티스트를 직접 만나고 싶은 팬들에게 한층

다가가는 매체로 이용되고 있다.

진실 7: 디지털 니치 마케팅은 매스 마케팅보다 우월하다.

인터넷은 쌍방향적이다. 소비자는 일방적으로 주어진 정보를 흡수하는 것이 아니라 주도적으로 정보를 찾는다. 음악 사이트를 이용하는 소비자는 자신이 원하는 음악을 적극적으로 찾고 감상하며 구입할 수 있다. 실물 매장에서는 모든 음반을 보유하고 전시하려면 매장의 크기와 음반 구입 등 자금이 필요하므로 대중적이지 않은, 음악 애호가들이 원하는 음악을 구하기 쉽지 않다. 그러나 온라인에서는 일일이 발품을 팔지 않아도 간단한 검색으로 음악을 쉽게 구할 수 있다.

한편 음악 사이트는 구매자의 정보를 축적하는 것이 용이하다. 즉, 소비자의 나이, 기호 등에 따라 얼마든지 세분화할 수 있다. 따라서 일단 구매를 한 소비자에게 메일을 통하여 비슷한 스타일의 음악을 추천하는 등 소비자 개개인의 기호에 맞는 맞춤식 마케팅이 가능하다. 텔레비전 방송 출연이 힘든 소규모 기획사의 아티스트나 마니아 음악 아티스트 등은 매스 마케팅mass marketing보다 온라인 마케팅을 이용한 니치 마케팅niche marketing이 더욱 효과적이라는 의미다. 음악 산업의 디지털화는 현재 댄스와 발라드 등 일부 장르에 국한되어 있는 대중음악의 선택지를 넓히고, 다양한 소비자의 욕구를 충족시킬 수 있는 발판이 될 수 있다.

진실 8: 소비자는 더욱 편리하고 가치 있는 것을 요구하고 얻는다.

기업가가 고수익성을 추구하는 것이 당연하듯이, 소비자는 가격과 품질 면에서 더욱 합리적인 소비를 하고자 한다. 애국심이나 국내 대중음악에 대한 애정 같은 감정적인 면에 아무리 호소해도, 궁극적으로 소비자는 자신에게 이득이 되는 물건을 구입하는 것이 당연하다. 같은 품질이라면 더욱 낮은 가격을, 같은 가격이라면 더욱 좋은 품질을 원하는 것이 소비자의 본질인 것이다. CD가 디지털 음원에 비하여 음질이 뛰어나지만 그 음질의 차이는 일반인이 구분하기 힘든 수준이며, CD 구매를 위하여 매장으로 가야 하는 거리감, 원하는 한 곡을 듣기 위하여 CD에 수록된 10곡을 모두 구입해야 하는 비효율성, 디지털 음원으로 구매할 경우 10곡 모두를 구매한다 해도 CD보다 가격이 저렴하다는 이점, 그리고 구매한 CD를 MP3 재생기기에 넣을 수 없도록 호환 방지가 되어 있으므로 결국 디지털 음원을 구입해야만 하는 불편함 등 소비자가 CD를 구매하지 않는 이유는 얼마든지 있다.

마찬가지로 디지털 음원 역시 불법 복제 음원보다 훨씬 더 나은 장점들을 가지고 있지 않다면 소비자는 무료 다운로드를 택할 것이다. 결국 불법 복제율을 낮추고 판매 수입을 높이기 위해서는 질 높은 서비스와 편리한 구매 및 사용을 보장하는 것이 필수적이다. 그럼에도 불법 복제를 막을 수 없다면 최근 구글이 중국에 온라인 음악 서비스를 시작하면서 음원을 유료로 판매하지 않고 광고 수입으로 대체한 방식을 선택한 것을 눈여겨볼 필요가 있다. 불법 복제율이 매우 높은 중국에서 음원의 유료 판매가 의미 없다고 판단한 구글은, 소비자가 음원을 마음대로 다운로드할 수 있는 대신 사이트의 광고를 주 수입원으로 삼기로 결정했다. 어떠한 방법으로 수익을 추구하든, 소비자를 불편하게 하고 기업이 주도권을 갖는 판매 방식은 성공할 수 없다는 점을 인식해야 할 것이다.

진실 9: 현재의 가격 모델이 밝혀지고 있다.

한국에서 음악의 가격 모델이 밝혀지기 위해서는 연구와 조율이 더 필요하다. 음악의 제작 비용은 어떤 음악을 만드는가에 따라 천차만별인 데다, 무엇보다 음원 가공업으로 막대한 수입을 올리고 있는 이동통신사에서 정확한 자료 공개를 하지 않는 것이 문제다. 제작자와의 요율 분배 마찰이 그 이유일 것이다. 그러나 좋은 콘텐츠가 없다면 결과적으로 이동통신사의 음원 판매 역시 불가능하므로, 하루빨리 현실적인 요율 분배가 이루어져 제작사의 수입이 확보되는 산업 구조가 되어야 한다. 이와 더불어 음원 판매에 수입을 의존하지 말고 또 다른 수입원을 개발하려는 제작사의 노력도 필요하다.

진실 10: 음악은 움직이는 것, 음악은 액체와 같이 흐르는 것이다.

쿠섹과 레온하르트는 음악의 공공재적 성격을 강조한다. 음악은 물과 같이 흐르는 것이고, 물과 같은 성격을 지닌 공공재라는 것이다. 그 근거로서 다른 소유물과는 달리 상점, 편의점, 커피점 등 어딜 가나 음악이 흘러나오며, 인터넷, 텔레비전, 라디오, 전화기 등 수많은 매체를 통하여 음악을 감상할 수 있다. 미래에는 인터넷 냉장고와 마찬가지로 세탁기나 커피메이커, 주방 등 집 안 어디에서나 물과 같이 흘러나오는 음악을 감상할 수 있을 것이라는 게 쿠섹과 레온하르트의 주장이다. 어디까지 현실화가 가능할지는 모르는 일이나, 음악의 공공성이 점차 커지고 있는 것은 사실이다. '내가 듣기 위한 음악'에서 '남에게 들려주는 음악'으로 음악의 성격이 전환되는 면이 있기 때문이다.

그렇다면 쿠섹과 레온하르트의 주장대로 수돗물을 쓰고 공공요금을 내는 것처럼 음악을 마음대로 듣고 공공요금을 내도록 하는 방법도 불가능하지만은 않다. 가령 초고속 인터넷 사용료에 1,000원가량의 음악 사용료를 첨가하여 납부하도록 한다면, 소비자가 느끼는 부담도 그리 크지 않으면서 불법 다운로드에 의하여 무료 사용되는 음악의 수입 감소 부분을 메울 수도 있을 것이다.

신화 1. 음악은 생산물이다.

쿠섹과 레온하르트는 음악이 다른 상품과 동일시되는 경향을 잘못된 것이라 지적했다. 음악은 생산자가 상품을 생산하여 시장을 조종하고 이익을 올릴 수 있는 상업적 생산물이 아니라 오락물, 커뮤니케이션, 정열, 일시적인 현상, 손에 잡을 수 없는 그 무엇, 그리고 매일 경험하는 그 어떤 것의 조합이라고 표현했다. 즉, 음악은 귀로 듣고 마음으로 느끼는 무형물일 뿐 상품이 아니라는 것이다. 쿠섹과 레온하르트의 주장은 음악을 산업화하여 수익을 올리려는 기업가와 음악을 분리하여, 음악 산업의 발전이 곧 음악의 발전은 아니라는 의미다. 물론 그들의 의견이 옳지만 그렇다고 음악 산업 자체를 부정하는 것은 위험하다. 산업으로서 수익을 얻고자 하는 기업가가 없다면 소비자가 편안하게 음악을 찾고 감상하는 일이 간단하지 않을 것이기 때문이다. 생산품으로서의 음악을 즐기고 싶다면 음악 산업이 몰락하도록 두고 보기만 해서는 안 될 것이다.

신화 2. 파일 공유는 음악 산업을 망친다.

디지털 음악이 지금과 같이 음반을 대체하게 된 것은 인터넷의 파일 공유 프로그램 때문이라 할 수 있다. 직접 매장을 찾아가서 음반을 구입해야만 소유가 가능하던 음악을 인터넷을 통하면 앉은 자리에서 손쉽게, 그것도 무료로 얻을 수 있다는 혁신적인 장점은 냅스터와 소리바다 등 파일 공유 사이트의 주가를 어마어마하게 올려놓았다. 그러나 그 때문에 음반 산업은 한순간에 무너졌다. 이것은 누구도 부정할 수 없는 사실이다. 그렇지만 파일 공유 사이트가 없었다 하더라도 어떠한 산업이든지 흥망성쇠의 사이클이 있다. CD라는 상품이 20년간 사이클의 최고점을 유지하고 있었으니 이제는 쇠퇴기에 접어들 시기가 되었다. 디지털 음원의 파일 공유가 아니더라도 그 어떤 형태로든 전환기는 찾아왔을 것이다.

한편 새로운 음악의 홍보를 위해서 기획사 측에서는 통상적으로 뮤직비디오를 만들어 유포하는 것이 관례다. 히트 음반을 내기 위하여 텔레비전과 라디오 방송 출연, 인터넷 UCC 등 모든 수단을 총동원하여 노래를 들려준다. 이러한 관점에서 파일의 공유는 어찌 보면 기획사의 노력 없이 음악이 유포되는 좋은 홍보 수단이라고 볼 수 있다. 영화 〈좋은 놈, 나쁜 놈, 이상한 놈〉이 흥행에 성공하면서 네티즌 사이에서는 아이스바 '빠삐코'

와 영화를 조합한 패러디물 '빠삐놈'의 UCC가 크게 유행했다. 덕분에 이 아이스바는 별다른 마케팅 노력이 없이도 40%나 판매율이 상승되었다. '음반'이라는 상품의 판매 사이클이 막바지에 이른 지금, 오히려 파일 공유를 통해서 음악이 히트한다면 광고나 엔터테인먼트, 공연 등 다른 수입원의 수입 증대 기회는 커지게 된다. 물론 불법 다운로드는 저작권 침해라는 면에서 반드시 근절되어야 하지만, 파일 공유 행위를 무조건 처벌의 대상으로만 생각하지 않고 좋은 방향으로 이용할 수 있는 발상의 전환도 필요할 것이다.

신화 3. 저작권은 선형linear이며, 아이디어는 소유할 수 있다.

쿠섹과 레온하르트는 "좋은 아티스트는 빌려 오며, 위대한 아티스트는 훔친다"는 피카소의 발언을 예로 들며 저작권의 범위에 대하여 의문을 제기한다. 특정 발명품과는 달리 문화적 예술품은 '완벽하게 창의적인' 것은 없다. 가령 어떤 아이디어나 예술품을 보고 영감을 얻어 변화나 발전을 덧붙인 경우가 많다. 비틀즈The Beatles도 버디 홀리Buddy Holly의 로큰롤 음악에서 영향을 크게 받았다고 인정했을 정도다. 다시 말해 어디까지를 순수한 자신만의 창작물이라고 할 것인지가 문제다. 특히 디지털 음원의 경우는 복제와 자르기, 덧붙이기 등 각기 원하는 대로의 변화가 얼마든지 가능하다. 휴대전화의 벨소리나 통화연결음도 3분 남짓 길이의 음원을 1분가량으로 잘라 판매하고 있다. 소비자는 음악의 원하는 부분을 잘라서 자신만의 벨소리를 만들 수도 있다. 많은 곡을 잘게 잘라 조합하여 완전히 다른 곡을 만들었다면, 그것이 창작물인지 복제물인지를 판정하기란 쉽지가 않다.

이러한 의미에서 쿠섹과 레온하르트는 음악에서 저작권의 불합리성을 주장하는 카피레프트copyleft, copyright의 반대 개념 입장을 띈다. 그러나 한국에서 이 같은 주장은 조금 위험할 수 있다. 아직 저작권에 대한 국민 의식이 매우 미약한 상태이기 때문이다. 저작권에 대한 의식과 법이 확실하게 자리 잡고 있는 미국과 음악 산업뿐 아니라 모든 사회 전반에 걸쳐 저작권 보호가 제대로 이루어져 있지 않은 한국은 사정이 다르다. 우선적으로 교육을 통하여 저작권의 중요성을 깨닫게 함과 동시에 법률로써 창작자의 권리를 보호하는 사회를 만드는 것이 필수적이다.

신화 4. 음악가는 큰 수입을 얻기 위하여 음악을 만든다.

여기에서 다시 한 번 음악가와 사업가의 구별이 필요하다. 제작사와 기획사 등 사업가는 음악 사업을 통하여 수익을 극대화하는 것이 목적이나, 음악가는 그보다는 음악 자체를 사랑하기에 음악을 한다. 음악 산업이 아무리 열악한 상황에 처한다 해도 음악가가 사라지지는 않는다. 인간은 창조된 때부터 음악을 본능적으로 추구하는 호모 무지쿠스이기 때문이다. 거대 기획사가 사라진다면 획일적인 아이돌 그룹이 온 시장을 장악하는 모습은 사라지고, 진정한 음악가들을 만날 수 있을지 모른다. 인터넷의 발달은 그러한 음악가들이 기획사의 도움 없이도 스스로 음악을 만들고 유포할 수 있으며, 소비자들과 직접 상호 작용할 수 있는 기회를 마련해주고 있다. 따라서 음악 산업의 열세와 음악 시장을 반드시 동일한 것으로 이해할 필요는 없다. 그러나 음악 산업과 음악 시장의 밀접한 관련성 자체를 부정할 수도 없는 것이 사실이다. 음악 산업의 사업가과 음악가 모두 상생할 수 있는 길을 모색한다면 가장 바람직할 것이다.

신화 5. 아티스트의 경력을 쌓기 위해서 많은 자금이 필요하다.

신인 가수가 성공적으로 데뷔하는 가장 손쉬운 방법은 대형 기획사의 힘을 빌리는 것이다. 나이가 어리고 음악적으로 덜 성숙된 많은 가수가 기획사의 명성으로 쉽게 인기를 얻고 큰돈을 벌곤 한다. 그런데 한편으로는 이렇듯 성공가도를 달리던 아이돌 가수가 단 몇 년간의 활동 후 기획사와의 재계약을 이루지 못하고 팬들의 기억에서 사라지는 경우도 흔히 찾아볼 수 있다. 이렇듯 기획사의 수익을 위하여 사용되기보다는, 진정한 아티스트로서 스스로 활동하는 방법도 있다. 서태지, 조PD, 김사랑 등 음악을 만들고 연주하는 실력을 갖춘 아티스트는 대형 기획사의 도움 없이도 성공한 사례다. UCC를 통하여 일반인들의 동영상이 네티즌의 화제가 되는 경우는 비일비재하다. 전 국민이 인터넷을 사용하는 한국은 특히 기회가 많다고 할 수 있다. 더욱이 시공간의 제약이 없는 인터넷을 통하여 국내뿐 아니라 해외 진출의 기회도 얼마든지 있다. 음악적 재능과 언어 등 기본을 갖춘 아티스트라면 인터넷 매체를 활용하여 소자본으로 자신의 음악을 홍보하고 판매하는 시도를 해볼 만하다.

참고문헌

국내문헌

강석기. 2008.「호모 무지쿠스: 뇌를 사로잡는 음악의 힘」. ≪과학동아≫, 9월호.

고정민. 2009.『엔터테인먼트 산업의 이해』. 넥서스BIZ.

권순택. 2011.9.19.「디지털 음원 수익 배분, 창작자엔 여전히 쥐꼬리」. ≪미디어스≫.

김기윤. 2004.「온라인 음악 산업의 새로운 창구의 가치에 관한 연구」. 서강대학교 대학원 석사학위논문.

김소영·곽영식. 2006.「온라인-오프라인 음악 소비자의 시장세분화 연구」. ≪소비자학연구≫, 17권 2호, 1~34쪽.

김성근. 2007.「국내 음악 산업 현황 및 수익창출 방안 연구: 제작사를 중심으로」. 연세대학교 언론홍보대학원 석사학위논문.

김지연. 2006.「디지털 기술 도입에 따른 대중음악 소비자 구매패턴 변화 연구」. 단국대학교 대학원 석사학위논문.

김휴종. 1997.『한국 음반 산업 연구』. 삼성경제연구소.

로엔엔터테인먼트. 2011. IR자료.

변대호. 2008.「휴대폰 음악서비스의 효과성 분석」. ≪정보화정책≫, 15권 1호, 41~52쪽.

서병기. 2011.12.8.「TV와 음원차트의 행복한 동거」. 가온차트 온라인 자료. Retrieved January, 7, 2012 from http://www.gaonchart.co.kr/main/section/special/ opinion/view.gaon?idx=41

서정민. 2012.1.2. "케이팝 지속적 장르 진입…성장 확신한다". ≪한겨레≫.

신현준. 2002.『글로벌 로컬 한국의 음악 산업』. 한나래.

안석준. 2005. 「음악 산업 패러다임 변화에 따른 디지털 음악 산업의 성장」. 한국콘텐츠진흥원.

유필화·이석규·김경식. 2006. 「음악 산업에 있어 성공적 비즈니스 모델인 SK Telecom의 멜론」. ≪한국마케팅저널≫, 8권 3호, 141~159쪽.

이수범. 2009. 「우리나라 대중음악의 해외진출을 위한 홍보 전략」. ≪문화경제연구≫, 12권 2호, 171~194쪽.

이수범·김지은. 2009. 「청소년의 저작권에 대한 인식과 이용 동기가 음악 콘텐츠 구매의도에 미치는 영향에 관한 연구」. ≪문화산업연구≫, 9권 2호, 121~138쪽.

이은민. 2005. 「MP3 등장에 따른 국내 음악 산업의 구조변화」. ≪정보통신정책≫, 17권 23호, 1~24쪽.

_____. 2011. 「온라인 음악 시장의 변화와 향후 전망」. ≪정보통신정책≫, 23권 23호, 22~34쪽.

이인묵. 2011.12.29. "온라인 음악 매출 년 7000억 원…CD 판매액의 4배". ≪조선비즈≫.

장미혜·이충한. 2006. 「디지털 네트워크 시대의 음악 시장 변화: 소유에서 향유로, 전유에서 공유로」. ≪경제와 사회>, 72호, 230~256쪽.

정병근. 2011.12.13. "14년 공든 탑 K-POP 한류의 유통기한". 가온차트 온라인 자료. Retrieved January, 7, 2012 from http://www.gaonchart.co.kr/main/section/ special/opinion/view.gaon?idx=43

정보통신산업진흥원. 2011. 최신 IT 동향.

정성현. 2006. 「대기업의 음악 산업 진입에 따른 시장변화 및 발전방안에 관한 연구」. 중앙대학교 신문방송대학원 석사학위논문.

정태수. 2010. 「아이돌 그룹이 이끄는 신한류시대」. ≪SERI 경영노트≫, 76호, 삼성경제연구소.

추은희. 2011. "청소년 유해 음반 심의제도 현황과 문제점". ≪주간정책&이슈≫, 15호.

한국콘텐츠진흥원. 2007. 『2006 음악 산업백서』. 한국콘텐츠진흥원.

_____. 2008. 『2007 음악 산업백서』. 한국콘텐츠진흥원.

_____. 2009. 『2008 음악 산업백서』. 한국콘텐츠진흥원.

_____. 2010a. 『2009 음악 산업백서』. 한국콘텐츠진흥원.

_____. 2010b. 『2010 해외 콘텐츠 시장조사』. 한국콘텐츠진흥원.

_____. 2011. 『2010 음악 산업백서』. 한국콘텐츠진흥원.

허미선. 2007. 「2010년, 107억 달러에 달하는 거대 시장」. ≪미디어미래≫, 5월호, 23쪽.

_____. 2007. 「중국」. ≪미디어미래≫, 10월호, 20~33쪽.

국외문헌

Bauer, J. M. 2007. "Dynamic effects of network neutrality." *International Journal of Communication*, 1, pp. 531~547.

Bernstein, A., N. Sekine, and D. Weissman. 2007. *The global music industry*. New York: Routledge.

Carden, N. 2007. "iTunes and iPod in the enterprise." *The Journal of the International Systems Security*, pp. 22~25.

Curien, N. and F. Moreau. 2009. "The music industry in the digital era: Toward new contracts." *Journal of Media Economics*, 22, pp. 102~113.

Future Source. 2010. *The music market in context of the overall entertainment market*.

Gronow, P. and I. Saunio. 1998. *An international history of the recording industry*. New York: Cassell.

Hoskins, C., S. McFadyen, and A. Finn. 2004. *Media economics: Applying economics to new and traditional media. Thousand Oaks*, CA: Sage

Publications.

Hunt, K. A. and A. Mellicker. 2008. "A case study of the music industry." *Journal of Business Case Studies*, 4(3), pp. 79~85.

IFPI Digital Music Report. 2007. Retrieved December 11, 2009. from http://www.ifpi.org/content/library/digital-music-report-2007.pdf.

IFPI Digital Music Report. 2008. Retrieved December 14, 2009. from http://www.ifpi.org/content/library/DMR2008.pdf

IFPI Digital Music Report. 2009. Retrieved December 28, 2009. from http://www.ifpi.org/content/library/DMR2009.pdf.

IFPI Digital Music Report. 2011. Retrieved January 04, 2012. from http://www.ifpi.org/content/library/DMR2011.pdf.

Knowles, J. 2008. "Australian musical futures: The new music industry." in *Proceedings Australian Musical Futures: Towards 2020*, pp. 1~16, Sydney Conservatorium of Music, Sydney, Australia.

Kusek, D. and G. Leonhard. 2005. *The future of music. Boston*, MA: Berklee Press.

Middleberg, D. 2001. *Winning PR in the wired world: Powerful communications strategies for the noisy digital space*. New York: McGraw-Hill.

Mosco, V. 2008. "Current trends in the political economy of communication." *Global Media Journal*, 1(1), pp. 45~63.

Oberholzer-Gee, F. and K. Strumpf. 2007. "The effect of file sharing on record sales: An empirical analysis." *Journal of Political Economy*, 115, pp. 1~42.

OECD. 2005. "OECD Report on Digital Music: Opportunities and Challenges." Paris, Organisation for Economic Co-operation and Development.

_____. 2008. "Digital Content in Transition." Paris, Organisation for Economic Co-operation and Development.

_____. 2009. "Piracy of Digital Content." Paris, Organisation for Economic

Co-operation and Development.

Peitz, M. and P. Waelbroeck. 2006. "Digital music." in G. Illing, and M. Peitz (Eds.), *Industrial organization and digital economy* (pp. 71~144). Cambridge, MA: The MIT Press.

RIAA. 2011.2.18. Graph shows music sales decline. http://news.jazzjournalists.org/2011/02/graph-shows-music-sales-decline/

Rothenbuhler, E. W. and T. McCourt. 2004. "The economics of the recording industry." in A. Alexander, J. Owers, R. Carveth, C. A. Hollifield, and A. N. Greco (Eds.), *Media economics: Theory and practice* (pp. 221~248). Mahwah, NJ: Lawrence Erlbaum Associates.

Scott, D. M. 2007. *The new rules of marketing & PR. Hoboken*, NJ: John Wiley & Sons, Inc.

Tschmuck, P. 2006. *Creativity and innovation in the music industry*. Dordrecht, The Netherlands: Springer.

Varian, H. R. 2005. "Copying and copyright." *Journal of Economic Perspectives*, 19, pp. 121~138.

Vogel, H. L. 2010. *Entertainment industry economics: A guide for financial analysis* (8th Ed.). New York: Cambridge University Press.

Zentner, A. 2006. "Measuring the effect of file sharing on music purchases." *Journal of Law and Economics*, 49, pp. 63~90.

인터넷 사이트 자료

가온차트. http://www.gaonchart.co.kr

레이카의 낙원. reikanorakuen.wordpress.com

문화체육관광부. http://www.mcst.go.kr

소셜타임즈. socialtimes.com

천차만별콘서트. http://www.indiegugak.com

한국음악콘텐츠산업협회. http://www.kmcia.or.kr

NME. www.nme.com

SM엔터테인먼트. www.smtown.com

지은이 _ 이수범

미국 오클라호마 대학교에서 언론학 박사 학위를 취득하였으며, 방송위원회와 정보통신윤리위원회에서 뉴미디어산업 및 정책연구를 수행하였다. 서강대학교 영상대학원 교수를 거쳐 지금은 인천대학교 신문방송학과 교수로 재직하고 있다. 현재 한국언론학회 연구분과장, 한국방송학회 기획이사, 한국광고홍보학회 ≪광고연구≫ 편집위원장 등을 맡고 있다.
저서로 『영화 마케팅 PR론』, 『디지털 미디어와 광고』, 『시장개방 20년과 한국의 광고산업』 등이 있으며, 역서로는 『퍼블릭 스피킹』, 『상품세계의 인식과 설득』, 『인터넷 마케팅의 원칙』, 『대통령 선거 마케팅』 등이 있다.
그 밖에 ≪Communication Research≫, ≪Journal of Media Economics≫, ≪Asian Journal of Communication≫, ≪한국언론학보≫, ≪광고연구≫, ≪광고학연구≫ 등의 저널에 100여 편의 논문을 발표하였다.

한울아카데미 1454

디지털 시대의 음악 산업

지은이 | 이수범
펴낸이 | 김종수
펴낸곳 | 도서출판 한울

편집책임 | 이교혜
편　　집 | 원경은
표지디자인 | 김현철

초판 1쇄 인쇄 | 2012년 6월 4일
초판 1쇄 발행 | 2012년 6월 18일

주　　소 | 413-756 파주시 문발동 535-7 302(본사)
| 121-801 서울시 마포구 공덕동 105-90 서울빌딩 1층(서울사무소)
전　　화 | 영업 02-326-0095, 편집 031-955-0606, 02-336-6183
팩　　스 | 02-333-7543
홈페이지 | www.hanulbooks.co.kr
등　　록 | 제406-2003-000051호

Printed in Korea.
ISBN 978-89-460-5454-7 93300

* 가격은 겉표지에 표시되어 있습니다.

* 이 책은 방일영문화재단의 지원을 받아 저술 · 출판되었습니다.